Ullrich Janke

Marketing für Shoppingcenter

Gestaltung und Verankerung einer Werbegemeinschaft

igel Verlag
RWS

Janke, Ullrich: Marketing für Shoppingcenter: Gestaltung und Verankerung einer Werbegemeinschaft, Hamburg, Igel Verlag RWS 2014

Buch-ISBN: 978-3-95485-088-4
PDF-eBook-ISBN: 978-3-95485-588-9
Druck/Herstellung: Igel Verlag RWS, Hamburg, 2014

Bibliografische Information der Deutschen Nationalbibliothek:
Die Deutsche Nationalbibliothek verzeichnet diese Publikation in der Deutschen Nationalbibliografie; detaillierte bibliografische Daten sind im Internet über http://dnb.d-nb.de abrufbar.

Hermannstal 119k, 22119 Hamburg
http://www.diplomica.de, Hamburg 2014
Printed in Germany

Inhaltsübersicht

Inhaltsverzeichnis

Abkürzungsverzeichnis

a. A.	anderer Ansicht
Abb.	Abbildung
Abs.	Absatz
AG	Aktiengesellschaft, Amtsgericht
AGB	Allgemeine Geschäftsbedingungen
Art.	Artikel
Aufl.	Auflage
BauNVO	Baunutzungsverordnung
BayObLG	Bayerisches Oberstes Landgericht
Bd.	Band
BeckRS	Beck Rechtsprechung
Begr.	Begründer
BGB	Bürgerliches Gesetzbuch
BGBl.	Bundesgesetzblatt
BGH	Bundesgerichtshof
BGHR	Rechtsprechung des Bundesgerichtshof, Zivilsachen
BGHZ	Entscheidungen des Bundesgerichtshofs in Zivilsachen
BT-Drs.	Bundestags-Drucksache
BR-Drs.	Bundesrats-Drucksache
BVerwG	Bundesverwaltungsgericht
bzw.	beziehungsweise
d. h.	das heißt
Ders.	Derselbe
Diss.	Dissertation
DStR	Deutsches Steuerrecht
engl.	englisch
etc.	et cetera
e. V.	eingetragener Verein
f.	folgende
ff.	fortfolgende
GbR	Gesellschaft bürgerlichen Rechts

GenG	Gesetz betreffend die Erwerbs- und Wirtschaftsgenossenschaften
GG	Grundgesetz
ggf.	gegebenenfalls
GmbH	Gesellschaft mit beschränkter Haftung
GmbHG	Gesetz betreffend die Gesellschaften mit beschränkter Haftung
Habil.-Schr.	Habilitationsschrift
Hrsg.	Herausgeber
i. d. R.	in der Regel
insbes.	insbesondere
i. V. m.	in Verbindung mit
IBR	Zeitschrift Immobilien- & Baurecht
IMR	Zeitschrift Immobilienverwaltung & Recht
JR	Juristische Rundschau
Kap.	Kapitel
KG	Kammergericht, Kommanditgesellschaft
lat.	lateinisch
LG	Landgericht
LSK	Leitsatzkartei des deutschen Rechts
Mio.	Millionen
m. w. N.	mit weiteren Nachweisen
NJW	Neue Juristische Wochenschrift
NJW-RR	Neue Juristische Wochenschrift - Rechtsprechungsreport
NVwZ	Neue Zeitschrift für Verwaltungsrecht
NZM	Neue Zeitschrift für Miet- und Wohnungsrecht
n. e. V.	nicht eingetragener Verein
n. v.	nicht veröffentlicht
OHG	offene Handelsgesellschaft
OLG	Oberlandesgericht
OLG HB	Hanseatisches Oberlandesgericht Bremen
OLG HH	Hanseatisches Oberlandesgericht Hamburg
OLGZ	Entscheidungen der Oberlandesgerichte in Zivilsachen einschließlich der freiwilligen Gerichtsbarkeit

p. a.	per annum
PartGG	Gesetz über Partnerschaftsgesellschaften Angehöriger Freier Berufe
PrKG	Preisklauselgesetz
Red.	Redakteur
RGZ	Entscheidungen des Reichsgerichts in Zivilsachen
Rn.	Randnummer
RPfleger	Rechtspfleger
s.	siehe
S.	Satz, Seite
sog.	sogenannte
u. a.	und andere, unter anderem
UG	Unternehmergesellschaft
Urt.	Urteil
usw.	und so weiter
v.	von, vom
ZHR	Zeitschrift für das gesamte Handelsrecht und Wirtschaftsrecht
Ziff.	Ziffer
zit.	zitiert
z. B.	zum Beispiel
z. T.	zum Teil

Abbildungsverzeichnis

Tabellenverzeichnis

A. Einleitung

Während der Umsatz im Einzelhandel im Wesentlichen stagniert, verschärft sich der Wettbewerb der Standorte durch die Schaffung neuer und den Ausbau bestehender Verkaufsflächen stetig. Shopping-Center[1] sind stärker als andere Objekte von der Akzeptanz des Standortes beim Verbraucher abhängig, die erzielbaren Umsätze bestimmen die Miethöhe und damit letztlich die Rendite der Investoren.[2] Ein vergleichsweise hoher technischer Aufwand, z. B. durch innenliegende Einkaufspassagen und besondere bauordnungsrechtliche Anforderungen, verursacht gleichzeitig Nebenkosten in beträchtlichem Umfang, die sog. „2. Miete".[3] Das stellt insbesondere kleinere Standorte und Standorte in Nebenlagen vor wachsende Herausforderungen, die weit über die Immobilienverwaltung als reine Bestandsverwaltung hinausgehen und durch das Center-Management proaktiv angenommen werden.[4]

Ein wichtiges und allgemein übliches Instrument des Center-Managements für das Standort-Marketing ist die Werbegemeinschaft, in der die Geschäftsraummieter und die Objekteigentümer in dem gemeinsamen Interesse der Verkaufsförderung und Werbung für den Standort vereint sind.[5] Voraussetzung für eine funktionsfähige Werbegemeinschaft ist, dass alle am Standort vertretenen Mieter und Vermieter sich sowohl finanziell als auch inhaltlich in der Werbegemeinschaft engagieren, um „Trittbrettfahrer", die von Marketingaktivitäten für den Standort profitieren, ohne dafür einen Beitrag zu leisten, zu vermeiden. Unbedingt erforderlich ist daher Rechtssicherheit im Hinblick auf die Gestaltung der Werbegemeinschaft selbst sowie die Verpflichtung zum Beitritt und die Sicherung der Mitwirkung aller Beteiligten während der Dauer ihres Mietvertrages bzw. sonstigen Engagements am Standort. Spezifisch für Geschäftsraummietverträge im Shopping-Center sind deshalb neben dem Ausschluss des Konkurrenzschutzes, der Vereinbarung einer Betriebspflicht des Mieters und der Überwälzung des wirtschaftlichen Risikos auf den Mieter auch die Verpflichtung zum Beitritt zur Werbegemeinschaft.[6]

---

[1] Im Folgenden werden die Begriffe „Shopping-Center" und „Einkaufszentrum" synonym verwendet.
[2] Lindner-Figura u. a. / *Eggersberger*, Kap. 23, Rn. 11.
[3] *Walzel / Trabzadah*, in: Immobilienökonomie, S. 481, 510.
[4] *Joachim*, NZM 2000, 788, 789 f.
[5] *Drasdo*, NJW-Spezial 2006, 289.
[6] *Joachim*, NZM 2000, 788, 792; Lindner-Figura u. a. / *Eggersberger*, Kap. 23, Rn. 13.

Trotz der in letzter Konsequenz erheblichen wirtschaftlichen Bedeutung der Werbegemeinschaften für Shopping-Center gibt es in der Literatur lediglich vereinzelt betriebswirtschaftliche Betrachtungen zu diesem Thema. Die rechtliche Gestaltung wird allenfalls kurz kommentiert,[7] obwohl die Rechtsprechung die Praxis der Formularverträge in den Einkaufszentren zunehmend rechtlich durchdringt und dabei auch die Vereinbarungen zur Werbegemeinschaft prüft.[8] So hat mit Urteil vom 12.07.2006 der BGH entschieden, dass die im Geschäftsraummietvertrag formularmäßig vereinbarte Pflicht zum Beitritt zu einer Werbegemeinschaft zwar grundsätzlich nicht überraschend ist, jedoch bei Führung der Werbegemeinschaft in Form einer GbR wegen der damit verbundenen erheblichen Haftungsrisiken zu einer unangemessenen Benachteiligung führe.[9] Vor diesem Hintergrund wird in der vorliegenden Studie der rechtliche Rahmen der Gestaltung der Werbegemeinschaft im Shopping-Center mit Schwerpunkt auf der Wahl der Rechtsform und daneben der Regelung des Beitritts der Mieter sowie ihrer Gründung und Führung untersucht. Im Ergebnis werden Handlungsempfehlungen sowohl für die gängigen Formen bereits bestehender als auch für die Gründung neuer Werbegemeinschaften gegeben.

Nach der Einführung in die Thematik im Kapitel B werden in Kapitel C im ersten Schritt die bei der Werbegemeinschaft im Shopping-Center besonders zu berücksichtigenden Regelungsaspekte entwickelt und anschließend auf die zur Verfügung stehenden Rechtsformen angewendet. Die Gegenüberstellung der untersuchten Rechtsformen führt zu einer Empfehlung, die hinsichtlich der Ausgestaltung der Satzung, der Beitrittserklärung und der Einbindung in den Mietvertrag weiter ausgeführt wird. In Kapitel D wird basierend auf der zuvor entwickelten rechtlichen Gestaltung der betriebswirtschaftliche Prozess von der Gründung über die Aufstellung eines ersten Werbekonzepts, die erste ordentliche Mitgliederversammlung und der dann folgende jährliche Zyklus kurz dargestellt. Unabhängig von der ausgesprochenen Empfehlung wird in Kapitel E auf die in der Jurisdiktion aufgetretenen Probleme bereits bestehender Werbegemeinschaften aller Rechtsformen eingegangen und einzelne Lösungsansätze erarbeitet, um kautelarjuristisch vorzubeugen. In Kapitel F wird die Studie zusammengefasst und ein Ausblick auf zukünftige Entwicklungen gegeben.

---

[7] *Fritz*, NJW 2007, 887, 891.
[8] *Joachim*, NJW 2006, 3058.
[9] BGHR BGB § 307 Abs. 1 Geschäftsraummiete 1, Rn. 13.

B. Entstehung und Entwicklung von Shopping-Centern

Das in der Forschung für Raumordnung, Städtebau und Immobilienwirtschaft international anerkannte Urban Land Institute[10] definiert Shopping-Center wie folgt:

„A group of retail or other commercial establishments that is planned, developed, owned and managed as a single property. On-site parking is provided. The centre's size and orientation are generally determined by the market characteristics of the trade area served by the centre. The two main configurations of shopping centres are malls and open-air strip centres."[11]

Ein Shopping-Center ist danach eine bewusst geplante und errichtete Ansammlung von Einzelhandelsbetrieben unter einheitlichem Management. In der Baunutzungsverordnung (BauNVO) findet sich unter § 11 III S. 1 Nr. 1 der Begriff „Einkaufszentren", ohne jedoch zu erläutern, was genau darunter zu verstehen sei. Das Bundesverwaltungsgericht (BVerwG) hat mit Urteil vom 27.04.1990 hierzu wie folgt ausgeführt:

"Ein "Einkaufszentrum" im Sinne des § 11 Abs. 3 Satz 1 Nr. 1 BauNVO 1977 setzt im Regelfall einen von vornherein einheitlich geplanten, finanzierten, gebauten und verwalteten Gebäudekomplex mit mehreren Einzelhandelsbetrieben verschiedener Art und Größe - zumeist verbunden mit verschiedenartigen Dienstleistungsbetrieben - voraus. Sollen mehrere Betriebe ohne eine solche Planung ein Einkaufszentrum im Rechtssinne darstellen, so ist hierfür außer ihrer engen räumlichen Konzentration ein Mindestmaß an äußerlich in Erscheinung tretender gemeinsamer Organisation und Kooperation erforderlich, welche die Ansammlung mehrerer Betriebe zu einem planvoll gewachsenen und aufeinander bezogenen Ganzen werden läßt."[12]

Die Definition des BVerwG entspricht weitgehend der des Urban Land Institute. Bei mehreren, im engen räumlichen Zusammenhang bestehenden Betrieben, stellt das BVerwG auf die äußere Wahrnehmung durch deren Kunden als zusammengehörigen

---

[10] Das international anerkannte Urban Land Institute wurde 1936 in Washington D.C. als gemeinnützige Forschungs- und Bildungsorganisation für Stadt- und Regionalplanung gegründet. Es hat heute über 35.000 Mitglieder in 92 Ländern. Weitere Informationen unter http://germany.uli.org.

[11] *Falk* in: Das große Handbuch Shopping-Center, S. 15.

[12] *BVerwG*, NVwZ 1990, 1074.

Betrieb ab. Als solcher erkennbar seien Gebäude mit einheitlicher Architektur und aufeinander bezogener Ausrichtung, auch soweit diese unterschiedliche Eigentümer haben sollten.[13] Eine von mehreren Betrieben gegründete, gemeinsame Werbegemeinschaft kann ein Indiz für die Zusammengehörigkeit von Immobilien und die Entstehung eines Einkaufszentrums im Sinne der BauNVO sein.[14]

Die Immobilienwirtschaft unterscheidet Einkaufszentren nach der Handelsfläche in Nachbarschaftszentren mit unter 8.000 m² Handelsfläche zur Versorgung eines lokal begrenzten Einzugsgebietes, Gemeinde- bzw. Stadtteilzentren mit einer Einzelhandelsfläche von 8.000 bis 15.000 m² und Regionale Shopping-Center mit mindestens 15.000 m² Fläche und umfassendem Angebot. Daneben gibt es eine Reihe weiterer Spezialformen wie z. B. Themen-Center, Bahnhofscenter, Fachmarktzentren usw.[15]

Die USA sind Vorreiter in der Entwicklung von Shopping-Centern. Schon 1922 wurde in Kansas City (Missouri) das erste Center eröffnet. Aus nur 100 Centern im Jahr 1950 wurden bis 1960 bereits 3.000. Das auch heute noch verwendete „Knochenprinzip", bei dem eine Passage, belegt mit kleinteiligen Läden, durch sog. Ankermieter, heute i. d. R. ein großer Elektronikfachmarkt und ein großer Lebensmittelladen, an beiden Enden ergänzt und dadurch Passantenströme erzeugt werden, setzte sich durch.[16] Die Anzahl der Shopping-Center in den USA vervielfachte sich bis 2004 auf insgesamt 47.700 Center mit 553 Mio. m² Handelsfläche. Der Zuwachs an neuen Shopping-Centern ist dort aber seit Anfang der Neunziger Jahre rückläufig.[17]

I. Entwicklung in Europa

In Europa entstanden erst Mitte der sechziger Jahre die ersten Shopping-Center, sie haben sich seither fest in der Einzelhandelskultur etabliert. Der Zuwachs neuer Shopping-Center hat nach einer Studie des international agierenden Immobilienberatungsunternehmen Cushman & Wakefield Healey & Baker insbesondere in den letzten 20 Jahren mit durchschnittlich 5,2 Mio. m² Handelsfläche p. a. rasant zugenommen. Damit belief sich die Gesamthandelsfläche aller Shopping-Center in Europa

---

[13] *Falk / Falk* in: Falk / Falk, Handbuch Gewerbe- und Spezialimmobilien, S. 95.
[14] *OVG Schleswig-Holstein*, IBR 2004, 1150; *Kopf*, IBR 2004, 1150.
[15] *Falk / Falk* in: Falk / Falk, Handbuch Gewerbe- und Spezialimmobilien, S. 95 f.
[16] *Joachim*, NZM 2000, 785, 788; *Walzel / Trabzadah*, in: Immobilienökonomie, S. 481, 488 f.
[17] *Falk / Falk* in: Falk / Falk, Handbuch Gewerbe- und Spezialimmobilien, S. 96.

Mitte 2009 auf nahezu 123,7 Mio. m². Auch in 2010 wird trotz der Wirtschaftskrise ein weiterer Flächenzuwachs von ca. 7 Mio. m² erwartet, der jedoch nicht gleichmäßig verteilt sondern regional stark differenziert stattfinden wird. Auf je 1.000 Europäer entfallen durchschnittlich 214 m² Handelsfläche. Das Verhältnis von Center-Fläche und Bevölkerung in den einzelnen EU-Staaten ist weit gefächert: An der Spitze liegt Norwegen mit über 600 m² je 1.000 Einwohner. Deutschland hat in Folge der strikten Plan- und Bauordnungsreglementierungen mit ca. 170 m² je 1.000 Einwohner (noch) weniger Centerfläche als der EU-Durchschnitt.[18] In der Studie berücksichtigt wurden Shopping-Center mit einer Fläche von mindestens 5.000 m² und mehr als 10 Läden.[19]

II. Entwicklung in Deutschland

In Deutschland wurde 1964 das erste Shopping-Center, das Main-Taunus-Zentrum in Sulzbach bei Frankfurt am Main, eröffnet. Das Main-Taunus-Zentrum war charakteristisch für die 1. Generation von Shopping-Centern in Deutschland, die auf „der grünen Wiese" mit einer ebenerdigen Verkaufsebene, einfacher Architektur und einem Kaufhaus als Magnetmieter errichtet wurden. Seit 1973 wurden in der sog. 2. Generation die Shopping-Center zunehmend in die Innenstädte verlegt. Zwischen 1982 und 1992 wurden in der 3. Generation fast ausschließlich städtische Standorte mit immer anspruchsvollerer Architektur und heller, freundlicher Präsentation entwickelt.[20] Diese Entwicklung wiederholte sich in den östlichen Bundesländern im Zeitraum nach der Deutschen Einheit am 3. Oktober 1990 bis zum Jahr 1999, beginnend mit einem kurzfristigen Bau von Shopping-Centern auf der grünen Wiese.[21] In den alten Bundesländern standen zu dieser Zeit bereits die Revitalisierung älterer Shopping-Center und die Entwicklung neuer Kombinationen von Freizeit und Shopping im Vordergrund (4. Generation). Seit dem Jahr 2000 geht der Trend in der 5. Generation nun wieder verstärkt in die Innenstädte sowie in bisher noch unbesetzte Mittel- und Kleinstädte. Darüber hinaus steht die Realisierung spezieller Formen von Shopping-Centern, wie z. B. das Factory-Outlet-Center (Verkauf direkt vom Hersteller)

---

[18] *Joye* in: Falk / Falk, Handbuch Gewerbe- und Spezialimmobilien, S. 545.
[19] *Cushman & Wakefield*, http://www.cushwake.com/cwglobal/jsp/kcLocalReportArchive.jsp?Country=GLOBAL&Language=EN&region=EMEA&sector=ALL&catId=100004&city=ALL&_requestid=291332; Stand: 11.02.2010.
[20] *Joachim*, NZM 2000, 785, 786.
[21] Die Ursache für diese Entwicklung lag z. T. allerdings auch in ungeklärten Restitutionsansprüchen.

oder das Themencenter (Konzentration auf bestimmte Waren oder Themen) im Fokus der Entwicklung.[22] Der stetige Zuwachs an Handelsflächen durch Eröffnung neuer, aber auch durch Erweiterung bestehender Shopping-Center in Deutschland ist ungebrochen. Die Kunden können in der Folge zwischen immer zahlreicheren Einkaufsmöglichkeiten mit vergleichbarer Sortimentsbreite und Erreichbarkeit wählen.[23]

Im Kontrast zum fortgesetzten Wachstum der Handelsfläche stagnieren gemäß einer Untersuchung des statistischen Bundesamtes – abgesehen von periodischen Schwankungen – die realen Umsätze im Einzelhandel (inflationsbereinigte Umsätze) in Deutschland:

Quelle: Statistisches Bundesamt, Wiesbaden 2010.[24]

Abbildung 1: Entwicklung der Einzelhandelsumsätze in Deutschland

---

[22] *Falk / Falk* in: Falk / Falk, Handbuch Gewerbe- und Spezialimmobilien, S. 100.
[23] *Walzel/ Trabzadah* in: Immobilienökonomie, S. 481, 494.
[24] *Statistisches Bundesamt*, http://www.destatis.de/jetspeed/portal/cms/Sites/destatis/Internet/DE/ Grafiken/Binnenhandel/Diagramme/Einzelhandel,templateId=renderPrint.psml, Stand: 11.02.2010.

Negativ wirken sich insbesondere die konjunkturelle Dämpfung der Warennachfrage, aber auch strukturelle Umschichtungen des privaten Verbrauchs, d. h. der Rückgang des Anteils der Warennachfrage, aus. Ein Indikator dafür ist u. a. die steigende Sparquote der privaten Haushalte, die nach der Statistik der Bundesbank 2008 mit 11,2% des verfügbaren Einkommens auf ihrem höchsten Stand seit 1994 notiert und auch in 2009 voraussichtlich auf diesem Niveau stabil blieb.[25] Problematisch für den klassischen Einzelhandel ist darüber hinaus die wachsende Konkurrenz des Online-Shoppings. Zwar kann das physische Einkaufserlebnis nicht ersetzt werden, jedoch weist Online-Shopping Vorteile hinsichtlich der Einkaufsbequemlichkeit auf. Auch erhält der Verbraucher eine bessere Marktübersicht, die zur Intensivierung des Preiswettbewerbs führt.[26]

Das Ungleichgewicht zwischen dem fortgesetzten Flächenzuwachs einerseits und der stagnierenden Nachfrage andererseits führt zu einem Ausleseprozess, in dessen Folge zahlreiche Flächen nicht mehr marktfähig sind. Ursächlich für das trotz dieser Aussichten auch im Krisenjahr 2009 und darüber hinaus zwar gedämpfte aber noch immer kräftige Flächenwachstum sind die wegen der langen Planungs- und Entwicklungszeiten von Immobilien nur zeitversetzt möglichen Reaktionen, aber auch die im internationalen Vergleich aufgrund der im Verhältnis zu den verfügbaren Einkommen noch immer relativ geringen Shoppingcenterfläche je Einwohner in Deutschland vermeintlich vorhandenen Potenziale. Kennzeichnend für Probleme einzelner Standorte ist u. a. die – erst bei genauer Betrachtung auffallende – Kaschierung von leer stehenden Läden durch z. B. Gemäldegalerien, Ausstellungsflächen für Autohäuser oder provisorisch eingerichtete Verkaufsstellen.

Erfolgreiche Shopping-Center bedingen deshalb ein proaktives Center-Management und ein effizientes Standortmarketing mit einer Werbegemeinschaft, die die gemeinsamen Interessen aller Beteiligten, d. h. sowohl die der Mieter als auch die der Vermieter, bündelt und nachhaltig verfolgt.

---

[25] *Deutsche Bundesbank*, http://www.bundesbank.de/statistik/statistik_zeitreihen.php?lang=de&open=&func=row&tr=JJA327, Stand: 11.02.2010.

[26] *Wengler*, S. 243.

III. Die Werbegemeinschaft im Shopping-Center

Shopping-Center leben davon, dass für das Center insgesamt Werbung gemacht wird, um so Besucher anzuziehen, von denen jeder einzelne Geschäftsraummieter profitiert. Die Werbung muss also einheitlich durchgeführt, die anfallenden Kosten von allen Beteiligten gemeinsam getragen werden. Ein wichtiger Baustein für den nachhaltigen Erfolg eines Shopping-Centers ist deshalb eine funktionierende Werbegemeinschaft, in der sich sowohl Mieter als auch Vermieter für den gemeinsamen wirtschaftlichen Erfolg engagieren.[27] Werbegemeinschaften sind dabei keine Erfindung der Shopping-Center, sondern vielfach existent als Zusammenschlüsse lokaler Wirtschafts- und Gewerbebetriebe auf freiwilliger Basis mit dem gemeinsamen Ziel, z. B. durch Werbeaktionen, Veranstaltungen oder Marketingmaßnahmen den wirtschaftlichen Erfolg zu steigern.

Die größte Herausforderung für die Werbegemeinschaft im Shopping-Center ist dabei die Einbeziehung aller Mieter. Ist der Beitritt zur Werbegemeinschaft lediglich freiwillig, besteht das erhebliche Risiko, dass neue Mieter im Shopping-Center die Werbung, die für das gesamte Center und nicht nur für einzelne Geschäfte erfolgt, zur Steigerung ihrer Umsätze nutzen, ohne dafür einen Beitrag zu leisten. Macht dieses Beispiel Schule, werden auch bereits beteiligte Mieter versuchen, die generierten Erfolge kostenfrei zu nutzen, indem sie aus der Werbegemeinschaft austreten.[28] Um also „Trittbrettfahrer“ und in der Folge Auflösungserscheinungen zu vermeiden, ist eine rein freiwillige Mitgliedschaft nicht ausreichend. Vielmehr muss vor diesem Hintergrund jeder Mieter bereits im Rahmen der Mietvertragsverhandlungen und mit Abschluss des Mietvertrages zum Beitritt zur Werbegemeinschaft und zur Leistung der Werbebeiträge verpflichtet werden.[29] In dieser Herausforderung liegt gleichzeitig auch die größte Chance der Shopping-Center, da eine einheitliche Vertragsgestaltung unter Einbeziehung der Werbegemeinschaft nur hier nachhaltig möglich ist, im Unterschied zu kleinteiligen Angeboten in Einkaufsstraßen mit einer Vielzahl unterschiedlicher Immobilieneigentümer ohne übergreifendes Management.

---

[27] *Joachim*, NZM 2000, 785, 789.
[28] *Olson*, S. 43.
[29] *Lindner-Figura*, NZM 1999, 16, 738, 739.

C. Gestaltung der Werbegemeinschaft

I. Regelungsaspekte

Zweck der Werbegemeinschaft ist im Kern die Organisation und der Zusammenschluss der Geschäftsraummieter in einem Shopping-Center zur Verkaufsförderung und Werbung. Vor diesem Hintergrund führt die Werbegemeinschaft Werbemaßnahmen aller Art durch, leistet Öffentlichkeitsarbeit, kooperiert mit zuständigen Stellen der öffentlichen Verwaltung und pflegt Kontakte mit anderen Werbegemeinschaften und Gewerbevereinen.[30] Damit die Werbegemeinschaft die gestellten Aufgaben erfüllen kann, müssen bestimmte Regelungsaspekte berücksichtigt werden:

1. Geschäftsführung, Beschlussfassung und Handlungsfähigkeit

Die Werbegemeinschaft ist Mittel zum Zweck. Das Gros der Aufgaben wird i. d. R. ehrenamtlich ausgeführt, um mit den stets begrenzten Mitteln einen möglichst großen Werbewert zu erzielen. Der *Aufwand für Gründung und Verwaltung* ist daher so gering wie möglich zu halten, die Handhabung muss möglichst einfach sein. Sie muss im Innenverhältnis eine *klare Struktur und Kompetenzen* aufweisen, die sie handlungsfähig machen. Entscheidungen müssen mehrheitlich gefällt werden können. Andernfalls bestünde aufgrund der Vielzahl der Beteiligten und deren Individualinteressen das Risiko, dass kein Konsens erzielt und der angestrebte Zweck nicht erreicht würde. Die Werbegemeinschaft muss aber auch von ihren Mitgliedern akzeptiert werden, sie darf nicht als reines Instrument des Vermieters zur Profitmaximierung geführt werden. Die Mieter müssen also aktiv in die Entwicklung der Werbemaßnahmen eingebunden und ihre Ideen aufgegriffen werden (fordern und fördern). Die Mieter sind als die Kunden des Dienstleisters Werbegemeinschaft zu betrachten. Die Mitglieder sollen innerlich überzeugt und zur Mitarbeit animiert werden.

Die Werbegemeinschaft muss *im Außenverhältnis selbstständig*, d. h. im eigenen Namen und auf eigene Rechnung, rechtlich und wirtschaftlich handlungsfähig sein. Sie muss in der Lage sein, Ansprüche gegenüber Dritten, aber auch gegenüber den eigenen Mitgliedern effektiv, notfalls auch gerichtlich durchzusetzen. Sie muss andererseits ihre Mitglieder vor der direkten Inanspruchnahme durch Dritte, die Forde-

---

[30] *Joachim*, NZM 2000, 785, 789; Lindner-Figura u. a. / *Eggersberger*, Kap. 23, Rn. 87.

rungen gegen die Werbegemeinschaft geltend machen, schützen. Die Haftung muss zum Schutz der Mitglieder vor Forderungen Dritter auf das Gesellschaftsvermögen beschränkt sein (*Haftungsbeschränkung*).

2. Beitrittspflicht für alle Mieter des Shopping-Centers

Die Werbegemeinschaft besteht aus einer Vielzahl von Akteuren im Shopping-Center, insbesondere, aber nicht ausschließlich, den Mietern, dem Eigentümer der Immobilie und dem Center-Management. Diese Akteure können selbst wiederum unterschiedlichste juristische oder natürliche Personen aus dem In- und Ausland sein. Angefangen beim als Einzelkaufmann tätigen lokalen Blumenhändler über den regional bereits an mehreren Standorten engagierten Gastronomen bis zum international agierenden Filialisten auf der Mieterseite einerseits und vom Privateigentümer über den geschlossenen Immobilienfonds in der Rechtsform der GbR oder KG mit einer Vielzahl von Gesellschaftern bis hin zum globalen Versicherungskonzern auf der Eigentümerseite andererseits. Die Werbegemeinschaft muss also sowohl hinsichtlich der Anzahl als auch hinsichtlich unterschiedlichster Rechtsformen ihrer Mitglieder offen sein (*Anzahl und Heterogenität der Mitglieder*).

Die Dienstleistung der Werbegemeinschaft, die Bewerbung des Shopping-Centers, wird nicht für einzelne, sondern für alle Mieter zugleich erbracht. Die Versuchung für den Einzelnen ist daher groß, als „Trittbrettfahrer“ (auch: „Free-Rider-Verhalten“) von der Werbung zu profitieren, ohne einen Beitrag zur Kostendeckung zu leisten. Nach grundsätzlichen Überlegungen zu dieser Problematik von *Olson* wird ein Einzelner einer Gruppe nur dann freiwillig beitreten, wenn sein Nutzen so groß ist, dass er die gesamten Kosten im Zweifel auch alleine tragen würde. Sobald das nicht der Fall ist, kann er nur durch Zwang oder Anreize zum Beitritt bewegt werden.[31]

Im Handel tritt ein ähnliches Problem zwischen den Händlern auf, die sich bei gleichen Produkten z. B. durch unterschiedliche Beratungsleistungen abgrenzen: Weil die Kaufentscheidung der Kunden typischerweise erst nach erfolgter Beratung gefällt wird, kann ein Händler, der keine Beratung anbietet, seinen Konkurrenten im Preis

---

[31] *Olson*, S. 43.

unterbieten, letztlich den Kaufvertrag mit dem Kunden abschließen und so von der Serviceleistung seines Konkurrenten profitieren. Langfristig werden daher alle Händler die Beratungsleistung einstellen, der Absatz des Produzenten geht zurück.[32]

Übertragen auf die Werbegemeinschaft hieße dies, dass, wenn sie dazu nicht verpflichtet sind, die Mieter aus der Werbegemeinschaft austreten bzw. erst gar nicht beitreten, letztlich kein Mieter mehr Mitglied ist, die Werbegemeinschaft aufgelöst wird und ihre Dienstleistung für den Standort vollständig entfällt. Im Ergebnis gehen die Umsätze der Mieter und die erzielbaren Mieten des Vermieters zurück. Zentrale Voraussetzung für eine funktionsfähige Werbegemeinschaft ist daher die Neutralisierung der Externalität ihrer Dienstleistung durch Herstellung einer Bindung in Form einer wirksam vereinbarten *Beitrittspflicht* für alle Mieter des Shopping-Centers. Nach erfolgtem Beitritt muss darüber hinaus sichergestellt sein, dass die Mieter für die Dauer ihres Mietvertrags in der Werbegemeinschaft *bleiben*.

3. Flexible Beitragsgestaltung

Eine Gewinnerzielungsabsicht besteht im Rahmen der Werbegemeinschaft nicht, es handelt sich um eine sogenannte Non-Profit-Organisation. Die Erzielung eines Gewinns ist wegen der dann anfallenden Steuern tatsächlich sogar schädlich und daher unbedingt zu vermeiden. Sie muss jedoch andererseits mit ausreichenden Mitteln ausgestattet sein, um die ihr übertragenen Aufgaben erfüllen zu können. Problematisch kann vor diesem Hintergrund die für die Erfüllung ihrer Aufgaben notwendige Anschaffung wertvoller langlebiger und damit steuerlich über deren Nutzungszeitraum abzuschreibender Wirtschaftsgüter sein, wie z. B. eine aufwendige Weihnachtsdekoration oder spezielle Veranstaltungstechnik. Zentrale Bedeutung kommt daher der flexiblen Beitragsgestaltung zu, um die jeweils anfallenden Kosten tragen zu können.[33] Es muss die Möglichkeit bestehen, neben den regulären Beiträgen auch Beiträge zur Durchführung von Sonderveranstaltungen z. B. bei Eröffnung oder anlässlich von Jubiläen, zu erheben. Außerdem müssen Lösungen zur Vermeidung steuerlicher Nachteile gefunden werden.

---

[32] *Knieps*, S. 152 ff.
[33] *Wolf u. a.*, Rn. 747.

II. Wahl der Rechtsform

Grundlegend für die Gestaltung der Werbegemeinschaft ist die Wahl der Rechtsform, die die gestellten Anforderungen bereits in ihren gesetzlich vorgesehenen Wesenszügen soweit wie möglich abdecken sollte. Statistische Erhebungen oder Auswertungsmöglichkeiten zu bestehenden Werbegemeinschaften liegen wegen der häufig verwendeten, aber nicht in einem öffentlichen Register verzeichneten Rechtsformen GbR und nicht eingetragenen Verein nicht vor. Von den in einer Untersuchung der Niedersächsischen IHK befragten 158 Werbegemeinschaften waren 86 % als eingetragener Verein, 8 % als GbR, 5 % als nicht eingetragener Verein und eine Werbegemeinschaft als GmbH organisiert. Von diesen Werbegemeinschaften entfielen allerdings nur 3,8 % auf Einkaufszentren, der übrige Anteil rekrutierte seine Mitglieder jeweils aus Kommunen, Innenstädten, einzelnen Quartieren oder Straßenzügen.[34]

Der Rücklauf einer Befragung der führenden Shoppingcenter-Betreiber in Deutschland via Email war äußerst zurückhaltend: Von 6 befragten Unternehmen, die zusammen ca. 250 der insgesamt ca. 600 Shoppingcenter in Deutschland managen hat nur ein Unternehmen mit Verantwortung für insgesamt 35 Shoppingcenter die gestellten Fragen beantwortet. Von deren 32 in Deutschland gemanagten Shoppingcentern verfügen 22 über eine Werbegemeinschaft, davon 16 bzw. 73 % in Form einer GbR, 4 bzw. 18 % in Form eines eingetragenen Vereins und 2 bzw. 9 % in Form eines nicht eingetragenen Vereins.[35] Diese Untersuchung ist zwar wegen der geringen Rücklaufquote nicht repräsentativ, die Gründung einer Werbegemeinschaft im Shopping-Center in Form einer GbR wurde aber auch in der Literatur als allgemein üblich angesehen.[36]

Trotz der Präferenz für die GbR sind zunächst sowohl die Personengesellschaft als auch die Kapitalgesellschaft als Rechtsform für die Werbegemeinschaft denkbar. Idealtypisch werden Personen- und Kapitalgesellschaften hinsichtlich der Mitgliederunabhängigkeit, der körperschaftlichen Struktur und der Haftung unterschieden.[37] Soll der Verwaltungs- und Kostenaufwand möglichst klein gehalten werden, bietet

---

[34] *Hirth*, S. 12.
[35] *Email-Befragung*, 2009, s. Anhang.
[36] *Lindner-Figura*, NZM 1999, 738; *Drasdo*, NJW-Spezial 2006, 289.
[37] Bamberger / Roth / *Schwarz / Schöpflin*, § 21, Rn. 29.

sich die Personengesellschaft als Rechtsform an. Soll die Haftung begrenzt und die Flexibilität der Personengesellschaft beibehalten werden, wäre die GmbH & Co. KG als Mischform empfehlenswert. Ist mit einem häufigen Gesellschafterwechsel zu rechnen, wäre die Kapitalgesellschaft mit eigener Rechtspersönlichkeit und damit Unabhängigkeit vom Gesellschafterbestand vorteilhaft. Kaum mit dem Erfordernis der möglichst geringen Gründungskosten zu vereinbaren sind jedoch die Kapitalgesellschaftsformen der Gesellschaft mit beschränkter Haftung mit einem erforderlichen Stammkapital von 25.000 Euro oder die der Aktiengesellschaft mit einem erforderlichen Grundkapital von sogar 50.000 Euro. Letztlich kann eine Entscheidung aber nur durch eine Gegenüberstellung der möglichen Rechtsformen unter Berücksichtigung der relevanten Aspekte getroffen werden.[38]

Näher auf ihre Eignung hinsichtlich der vorstehend aufgezeigten Regelungsaspekte untersucht werden zunächst die Grundform der Personengesellschaften, die Gesellschaft bürgerlichen Rechts (GbR), geregelt in den §§ 705-740 BGB, und die Grundform der Kapitalgesellschaften, der Verein, geregelt im Wesentlichen in den §§ 21-79 BGB sowie im Gesetz zur Regelung des öffentlichen Vereinsrechts (VereinsG). Als denkbare Alternative werden auch die Gesellschaft mit beschränkter Haftung (GmbH) und die Unternehmergesellschaft haftungsbeschränkt (UG) kurz beleuchtet.

1. Gesellschaft bürgerlichen Rechts (GbR)

Die Grundform der Personengesellschaften ist die Gesellschaft bürgerlichen Rechts, geregelt in den §§ 705 ff. BGB. Die GbR wird automatisch zur offenen Handelsgesellschaft (OHG), wenn sie ein Handelsgewerbe betreibt (§ 105 I i. V. m. § 1 I und II HGB). Zweck der Kommanditgesellschaft (KG) ist ebenfalls die Betreibung eines Handelsgewerbes. Im Unterschied zur OHG haften jedoch die als Kommanditisten bezeichneten Gesellschafter gegenüber den Gesellschaftsgläubigern nicht unbeschränkt.[39] Auch die GmbH & Co. KG ist eine Kommanditgesellschaft und setzt damit den Betrieb eines Handelsgewerbes voraus.

Handelte es sich bei der Werbegemeinschaft also um einen kaufmännischen Zusammenschluss zum Betrieb eines Handelsgewerbes, führte das automatisch zur Entste-

[38] Büchel / v. Rechenberg / *Seeliger*, Kap. 6 Rn. 15 ff.
[39] Saenger u. a. / *Brück van Oertzen*, § 4 Rn. 21.

hung einer Personenhandelsgesellschaft nach HGB.[40] Die fehlende gesetzliche Definition eines Handelsgewerbes wurde durch die Rechtsprechung ausgefüllt. Demnach besteht ein Handelsgewerbe, wenn eine erlaubte, wirtschaftliche Tätigkeit zur Gewinnerzielung selbstständig und auf Dauer angelegt planmäßig betrieben und am Markt nach außen erkennbar aufgetreten wird.[41] Weil der Werbegemeinschaft aber schon – wie bereits erörtert – die Gewinnerzielungsabsicht fehlt, liegt grundsätzlich kein Handelsgewerbe vor. Die Rechtsformen OHG und KG stehen damit nicht zur Verfügung. Ohne Relevanz sind auch die stille Gesellschaft, bei der es sich lediglich um eine Innengesellschaft ohne eigene Rechte und Pflichten handelt[42], und die Partnerschaftsgesellschaft, die nur den in § 1 II S. 2 PartGG bezeichneten Berufsgruppen zur Verfügung steht. Die Untersuchung beschränkt sich deshalb im Folgenden hinsichtlich der Personengesellschaften auf die GbR.

Für die Gründung einer GbR werden mindestens zwei Gesellschafter benötigt, eine gesetzliche Obergrenze gibt es nicht.[43] Die Gründung erfolgt durch den Abschluss eines Gesellschaftsvertrages zwischen den einzelnen Gesellschaftern (§ 705 BGB). Es besteht folglich als erstes wesentliches Merkmal der GbR eine *vertragliche Dauerbeziehung* zwischen den Gesellschaftern, nicht nur gegenüber der Gesellschaft selbst, während der sich die Partner eine *dauernde Pflichtenanspannung* schulden. Die GbR ist damit ein Unterfall der Dauerschuldverhältnisse. Ein ständiger Wechsel der Gesellschafter ist im Grundsatz nicht vorgesehen. Sind alle bis auf einen Gesellschafter ausgeschieden, endet die Gesellschaft.[44] Stirbt ein Gesellschafter, dann wird die Gesellschaft grundsätzlich aufgelöst, soweit im Gesellschaftsvertrag nichts anderes vereinbart ist (§ 727 I BGB). Diese Bestimmung unterstreicht die höchstpersönliche Natur der Stellung der Gesellschafter. Der Gesellschaftsvertrag kann jedoch die Fortsetzung der Gesellschafter unter den verbleibenden Gesellschaftern vorsehen.[45]

---

[40] Staudinger / *Habermeier*, § 705, Rn. 17 f.
[41] Saenger u. a. / *Aderhold*, § 5 Rn. 329.
[42] *Schmidt*, § 62 I 1c.
[43] Staudinger / *Habermeier*, § 705, Rn. 20 f.
[44] Säcker / Rixecker / *Ulmer*, Vor § 705, Rn. 5.
[45] Palandt / *Sprau*, § 727, Rn. 2.

Das zweite wesentliche Merkmal der GbR ist der *gemeinsame Zweck* sowie die *Beitragspflicht.*[46] Aus dem gemeinsamen Zweck und der Dauerbeziehung resultiert das Merkmal der *Treubindung*, die auch den persönlichen Charakter der Gesellschaft (intuitus personae) unterstreicht.[47] Die Treuepflicht der Gesellschafter besteht nicht nur im Verhältnis zur Gesellschaft, sondern, beschränkt auf den mitgliedschaftlichen Bereich, auch gegenüber den Mitgesellschaftern als Vertragspartner. Sie kann sowohl zu Unterlassungs- als auch Handlungspflichten, insbesondere bezogen auf vertraglich vereinbarte und uneigennützig zu leistende Förderung des gemeinsamen Zwecks, führen. Im Ausnahmefall – allerdings nur verbunden mit hohen Anforderungen – kann auch eine Pflicht zur Mitwirkung bei Vertragsänderungen bestehen.[48]

Entscheidungen sind i. d. R. von allen Gesellschaftern einstimmig zu treffen. Es gilt das Prinzip der Selbstorganschaft, d. h. alle Gesellschafter führen die Geschäfte und vertreten die Gesellschaft gemeinsam (§§ 709, 714 BGB).

a) Geschäftsführung, Beschlussfassung und Handlungsfähigkeit

Zu prüfen ist, welcher Aufwand für Gründung und Verwaltung entsteht, ob Akteure aller möglichen Rechtsformen Mitglied werden können, wie die Beschlussfassung geregelt und die Handlungsfähigkeit sichergestellt werden kann.

a1) Gründungs- und Verwaltungsaufwand

Eine GbR entsteht durch den Abschluss eines Gesellschaftsvertrages gemäß § 705 BGB, bei zwei beteiligten Personen z. B. durch Antrag und Annahme, bei mehreren Personen durch Vorliegen aller Beitrittserklärungen, die grundsätzlich allen Gesellschaftern zugehen müssen.[49] Der Gesellschaftsvertrag unterliegt dabei – abgesehen von einigen hier nicht relevanten Sonderfällen – zwar grundsätzlich keiner gesetzlich vorgeschriebenen Form, er kann sogar konkludent erfolgen.[50] Es ist aber aus praktischen Erwägungen heraus dringend zu empfehlen, den Inhalt schriftlich zu fixieren. Besondere Kosten für Notar, Eintragungsgebühren usw. fallen jedenfalls, da es der-

---

[46] Säcker / Rixecker/ *Ulmer*, Vor § 705, Rn. 6.
[47] Säcker / Rixecker/ *Ulmer*, Vor § 705, Rn. 7.
[48] Säcker / Rixecker/ *Ulmer*, § 705, Rn. 223.
[49] Staudinger / *Habermeier*, § 705, Rn. 2.
[50] Staudinger / *Habermeier*, § 705, Rn. 10.

zeit noch kein GbR-Register[51] gibt, nicht an. Zwingend erforderliche Vertragsbestandteile sind lediglich gemäß § 705 BGB der gemeinsame Zweck und die Art seiner Verwirklichung.[52] Die Regelungen des Gesellschaftsvertrages sind dabei gemäß dem Grundsatz der Vertragsfreiheit zumindest im Innenverhältnis frei gestaltbar. Im Außenverhältnis sind z. B. hinsichtlich der Einschränkung der Rechte von Gesellschaftsgläubigern (Haftungsbeschränkung) Schranken gesetzt.[53] Die spätere Änderung des Gesellschaftsvertrages unterliegt den gleichen Regeln wie der Abschluss, ist also grundsätzlich ebenfalls formfrei möglich.[54]

Sowohl für den Abschluss als auch für die Änderung des Gesellschaftsvertrages fallen mithin kaum mehr als Material- und Portokosten an.

a2) Einfache Organisation

Weil die GbR nicht selbst handeln kann, benötigt Sie natürliche Personen als handelnde Organe. Hierzu findet sich in § 709 BGB lediglich die als Geschäftsführung berufene *Gesamtheit aller Gesellschafter*. Diese kann durch den Gesellschaftsvertrag auf einen Teil der Gesellschafter beschränkt werden, wodurch gleichzeitig die übrigen Gesellschafter von der Geschäftsführung ausgeschlossen werden (§ 710 BGB). Diese behalten jedoch ihr Recht zum Entzug der Geschäftsführungsbefugnis aus wichtigem Grund (§ 712 BGB), das Kontrollrecht (§716 BGB) und das Recht auf Rechnungslegung (§ 721 BGB).[55] Unvereinbar mit dem Grundsatz der Selbstorganschaft ist nach herrschender Meinung der Ausschluss aller Gesellschafter von der Geschäftsführung zwecks Übertragung auf einen Dritten.[56] Soweit mehrere Gesellschafter mit der Geschäftsführung betraut wurden, müssen diese wiederum gemeinsam entscheiden (§ 710 S. 2 i. V. m. § 709 BGB). Darüber hinaus können nach § 714 BGB im Gesellschaftsvertrag *Vertreter* zur Geschäftsführung benannt werden.[57] Die *Gesellschafterversammlung* ist hier kein geborenes Organ, kann jedoch durch Ge-

---

[51] Im Hinblick auf die nun anerkannte Rechtsfähigkeit der GbR ist eine gesetzliche Neuregelung an dieser Stelle für die Zukunft und die Einführung eines entsprechenden Registers zur Wiederherstellung der Rechtssicherheit jedoch nicht auszuschließen.
[52] Staudinger / *Habermeier*, § 705, Rn. 12.
[53] Staudinger / *Habermeier*, § 705, Rn. 14.
[54] Büchel / v. Rechenberg/ *Nordmann*, Kap. 6, Rn. 90.
[55] Staudinger / *Habermeier*, § 710, Rn. 7.
[56] Staudinger / *Habermeier*, § 710, Rn. 12.
[57] Säcker / Rixecker / *Ulmer*, § 705, Rn. 257.

sellschaftsvertrag mit bestimmten Aufgaben betraut werden.[58] Möglich ist auch die Einsetzung eines *Beirats*, der ebenfalls durch den Gesellschaftsvertrag vereinbart werden muss.[59]

Die Gestaltung von Geschäftsführung und Vertretung unterliegt in weitem Umfang der Parteidisposition und kann damit den jeweiligen Gegebenheiten angepasst werden. I. d. R. wird die Geschäftsführung der Werbegemeinschaft durch den Center-Manager übernommen, der selbst Mitglied der Werbegemeinschaft ist und mit ihr einen Geschäftsbesorgungsvertrag schließt.[60]

a3) Mitgliederbeteiligung

Die Gesellschafter der GbR unterliegen zunächst der Förderungspflicht[61], also z. B. der Pflicht zur Leistung der Beiträge sowie der Treuepflicht[62], also der Pflicht zur Rücksichtnahme gegenüber der Gesellschaft und gegenüber den einzelnen Gesellschaftern. Eigene Interessen dürfen die Gesellschafter insofern nur verfolgen, wenn die Belange der Gesellschaft nicht entgegenstehen. Weiterhin gilt in der GbR der Gleichbehandlungsgrundsatz für alle Gesellschafter, insbesondere auch hinsichtlich der Beitragsleistung.[63] Zur Einbindung der nicht an der Geschäftsführung beteiligten Gesellschafter kann im Gesellschaftsvertrag eine Gesellschafterversammlung als Beschlussorgan verankert werden. Die vereins- und GmbH-rechtlichen Vorschriften (insbes. §§ 34, 35 BGB; § 47 IV GmbHG) zur Beschlussfassung sind in diesem Fall zu berücksichtigen.[64] Die Mitgliederbeteiligung kann so im Rahmen einer jährlich stattfindenden Gesellschafterversammlung erfolgen, in der das jeweils letzte Jahr ausgewertet und die Maßnahmen und Ziele für das nächste Jahr festgelegt werden.

a4) Rechtsfähigkeit und Klagebefugnis

Ursprünglich wurde die Rechtsfähigkeit der GbR im Außenverhältnis verneint: Nicht die Gesellschaft, sondern die Gesellschafter selbst seien die Berechtigten und Ver-

---

[58] Staudinger / *Habermeier*, § 709, Rn. 11; Säcker / Rixecker / *Ulmer*, § 705, Rn. 258.
[59] Säcker / Rixecker / *Ulmer*, § 705, Rn. 259.
[60] Lindner-Figura u. a. / *Eggersberger*, Kap. 23, Rn. 87.
[61] Staudinger / *Habermeier*, § 705, Rn. 19.
[62] Staudinger / *Habermeier*, § 705, Rn. 50 f.
[63] Staudinger / *Habermeier*, § 705, Rn. 53 f.
[64] Staudinger / *Habermeier*, § 710, Rn. 11.

pflichteten aus den von der GbR geschlossenen Rechtsgeschäften.[65] Entsprechend handelten als Geschäftsführer bestimmte Gesellschafter in Vertretung auch der anderen Gesellschafter. Forderungen standen den Gesellschaftern zur gesamten Hand zu, Schulden waren jedoch Gesamtschulden.

Anders beurteilt wurde das erstmals durch *Flume* im Rahmen der sog. Gruppenlehre[66], nach der Gesellschaften mit einem zuzuordnenden Gesamthandsvermögen als eigenständiges Zuordnungssubjekt von Rechten und Verbindlichkeiten anzusehen sind.[67] Die Diskussion um diesen Punkt wurde mit dem Urteil des BGH vom 29.01.2001 beendet, der die Rechtsfähigkeit der (Außen-)GbR uneingeschränkt bejahte und dazu folgende Leitsätze verfasste: [68]

„1. Die (Außen-)Gesellschaft bürgerlichen Rechts besitzt Rechtsfähigkeit, soweit sie durch Teilnahme am Rechtsverkehr eigene Rechte und Pflichten begründet.
2. In diesem Rahmen ist sie zugleich im Zivilprozess aktiv und passiv parteifähig.
3. Soweit der Gesellschafter für die Verbindlichkeiten der Gesellschaft bürgerlichen Rechts persönlich haftet, entspricht das Verhältnis zwischen der Verbindlichkeit der Gesellschaft und der Haftung des Gesellschafters derjenigen bei der oHG (Akzessorietät) – Fortführung von BGHZ 142, 315 = NJW 1999, 3483."

Die Außen-GbR kann somit als gesamthänderische Personenverbindung am Rechtsverkehr teilnehmen, Rechte erwerben und Verbindlichkeiten eingehen, klagen und verklagt werden.[69] Sie kann also z. B., was vorher äußerst problematisch war aber nichtsdestotrotz häufig vorkam, auch Geschäftsraummietverträge sowohl als Vermieter als auch als Mieter im eigenen Namen abschließen, soweit das Vertretungsverhältnis des Unterzeichnenden entsprechend bezeichnet ist.[70] Die Gesellschafter haben nur noch ein auf ihre gesamthänderische Beteiligung beschränktes Vermögensrecht am Gesellschaftsvermögen und haften für die Verbindlichkeiten der GbR im Rahmen

---

[65] Säcker / Rixecker / *Ulmer*, Vor § 705, Rn. 9.
[66] *Flume*, ZHR 1972, 177 f.
[67] Säcker / Rixecker / *Ulmer*, Vor § 705, Rn. 10.
[68] BGHZ 146, 341.
[69] Staudinger / *Habermeier*, Vorbem zu §§ 705-740, Rn. 8 ff; Zöller / *Vollkommer*, ZPO § 50, Rn. 18.
[70] *Kraemer*, NZM 2002, 456.

der Akzessoritätstheorie.[71] Nur wenn der Gläubiger ohne weiteres erkennen konnte und musste, dass trotz Fehlen ausdrücklicher Erklärungen von der akzessorischen Haftung abgewichen werden soll und dafür seine Zustimmung benötigt wird, ist noch die Annahme einer Haftungsbeschränkung möglich.[72]

Mit der Anerkennung der Teilrechtsfähigkeit der (Außen-)GbR hat der BGH ihr auch die aktive und passive Parteifähigkeit im Zivilprozess eingeräumt. Sie ist damit grundsätzlich in der Lage, ihre Forderungen auch im eigenen Namen gerichtlich durchzusetzen.[73] Dennoch verfügt die GbR trotz vereinzelter anderer Ansichten nach herrschender Meinung im Gegensatz zur juristischen Person nach wie vor nicht über eine eigene Rechtspersönlichkeit.[74] Die Anerkennung der Parteifähigkeit bedeutet auch nicht, dass nur die Gesellschaft Prozesspartei sein muss. Ein Dritter kann und wird nach wie vor auch gegen die einzelnen Gesellschafter prozessieren.[75]

b) Beitrittspflicht für alle Mieter des Shopping-Centers

Zu prüfen ist im ersten Schritt, ob die GbR den geforderten Beitritt von Akteuren aller denkbaren Rechtsformen ermöglicht.

b1) Anzahl und Heterogenität der Mitglieder

Einen Gesellschaftsvertrag nach § 705 BGB kann zunächst jede natürliche Person abschließen. Auf Spezialprobleme im Zusammenhang mit Geschäftsunfähigen, beschränkt Geschäftsfähigen und Ehegatten soll hier nicht näher eingegangen werden. Darüber hinaus können auch juristische Personen aus dem In- und Ausland sowie juristische Personen des öffentlichen Rechts Gesellschafter einer GbR werden.[76] Auch die Personengesellschaften des Handelsrechtes, also OHG und KG, können Gesellschafter der GbR werden.[77] Mit der Anerkennung der Rechtsfähigkeit der (Außen-)GbR kann auch eine GbR Gesellschafter einer GbR werden. Sowohl der eingetragene als auch der nicht eingetragene Verein können Gesellschafter einer

---

[71] Säcker / Rixecker / *Ulmer*, Vor § 705, Rn. 11.
[72] *Dauner-Lieb*, DStR 2001, 356, 359.
[73] *Kraemer*, NZM 2002, 11, 465, 473.
[74] Säcker / Rixecker / *Ulmer*, Vor § 705, Rn. 13.
[75] Büchel / v. Rechenberg / *Nordmann*, Kap. 6 Rn. 20 f.
[76] Staudinger / *Habermeier*, § 705, Rn. 25.
[77] Staudinger / *Habermeier*, § 705, Rn. 27.

GbR werden.[78] Umstritten ist noch die Zulässigkeit des Beitritts von Bruchteilsgemeinschaften, Erbengemeinschaften und ehelichen Gütergemeinschaften, zu denen jeweils unterschiedliche Ansichten vertreten werden.[79]

Zusammenfassend kann aber festgestellt werden, dass die GbR – abgesehen von wenigen Spezialfällen – für die Organisation heterogener Rechtsformen geeignet ist.

b2) Formularvertragliche Beitrittspflicht

Zu klären ist im nächsten Schritt, ob eine Beitrittspflicht zu einer GbR wirksam vereinbart werden kann. Um tatsächlich alle Geschäftsraummieter eines Shoppingcenters in die Werbegemeinschaft zu integrieren, muss die Beitrittspflicht i. d. R. bereits im Geschäftsraummietvertrag formularmäßig verankert werden.[80] Die Frage, ob diese Beitrittspflicht mit dem AGB-Recht vereinbar ist, wurde von der Rechtsprechung bis vor kurzem noch unterschiedlich beurteilt.[81] So hat das LG Berlin die formularmäßige Beitrittsverpflichtung im Falle einer als Verein geführten Werbegemeinschaft für zulässig erachtet, wenn zumindest die Beitragshöhe bestimmbar ist.[82] Das Hanseatische Oberlandesgericht Hamburg hat im Gegensatz dazu im Falle einer als GbR geführten Werbegemeinschaft entschieden, dass eine Beitrittspflicht grundsätzlich nicht formularvertraglich vereinbart werden kann – und zwar unabhängig von deren Rechtsform.[83] Der BGH hat sich in der Revision zum Urteil des Hanseatischen Oberlandesgerichts Hamburg hierzu erstmalig geäußert und dabei folgende Leitsätze aufgestellt:[84]

„1. *Die formularmäßige Verpflichtung des Mieters in einem Einkaufszentrum, einer Werbegemeinschaft in Form einer GbR beizutreten, verstößt wegen des damit verbundenen Haftungsrisikos des Mieters gegen § 307 I 1 BGB.*

2. *In einem Formularmietvertrag muss die Höhe der Beiträge, die der Mieter in einem Einkaufszentrum an eine Werbegemeinschaft zu leisten hat, wegen der nach § 307 I 2 BGB erforderlichen Transparenz bestimmbar sein; mindestens*

---

[78] Staudinger / *Habermeier*, § 705, Rn. 29.
[79] Staudinger / *Habermeier*, § 705, Rn. 30 ff.
[80] Lindner-Figura u. a. / *Eggersberger*, Kap. 23, Rn. 78.
[81] *Fritz*, Rn. 127c.
[82] *LG Berlin*, NZM 2001, 338.
[83] *OLG HH*, BeckRS 2004, 06389.
[84] BGHR BGB § 307 Abs. 1 Geschäftsraummiete 1.

muss eine Höchstgrenze festgesetzt sein, damit der Mieter die auf ihn zu kommenden Kosten kalkulieren kann.“

Der BGH folgt in seiner Begründung der im Schrifttum verbreiteten Ansicht, dass die vertragliche Verpflichtung zum Beitritt zu einer Werbegemeinschaft zunächst nicht ungewöhnlich und damit auch nicht nach § 305c I BGB überraschend ist. Ob möglicherweise aber eine unangemessene Benachteiligung nach § 307 BGB vorliege, ist erst von der *Rechtsform* und den sonstigen Umständen der Beitrittspflicht abhängig.[85] Der BGH macht sich in diesem Zusammenhang neben den rein rechtlichen auch betriebswirtschaftliche Argumente zu Eigen, indem er den Sinn der Werbegemeinschaft hervorhebt.

Die noch vom Hanseatischen Oberlandesgericht Hamburg problematisierte, aus Art. 9 I GG abgeleitete negative Vereinigungsfreiheit,[86] gilt nicht schrankenlos und ist gewahrt, weil die Beitrittsverpflichtung zu einer Werbegemeinschaft sachlich gerechtfertigt und für den Center-Mieter üblich ist.[87] Diese Argumentation wird auch kritisch bewertet, weil durch den Verweis auf die Freiheit, einen Vertrag nicht abschließen zu müssen, letztlich jegliche AGB-Inhaltskontrolle hinfällig würde.[88]

Jedenfalls in dem Beitrittszwang zu einer in der Rechtsform der GbR organisierten Werbegemeinschaft sieht der BGH dann doch eine unangemessene Benachteiligung, weil der Mieter durch den Beitritt für sämtliche Gesellschaftsverbindlichkeiten persönlich unbeschränkt haftet. Das durch mögliche Wettbewerbsverstöße oder vertragliche Verbindlichkeiten der Werbegemeinschaft entstehende Haftungsrisiko sei für den Mieter unüberschaubar und kann die wirtschaftliche Existenz insbesondere kleinerer Mieter bedrohen. Eine Einschränkung der persönlichen Haftung durch gesellschaftsvertragliche Vereinbarungen oder durch die Bezeichnung „GbR-mbH“ war ursprünglich umstritten, ist aber heute nicht mehr möglich.[89] Eine Beschränkung könnte nur durch eine andere Rechtsform, z. B. mit einer GmbH erreicht werden.[90]

---

85 Lindner-Figura u. a. / *Eggersberger*, Kap. 23, Rn. 78.
86 *OLG HH*, BeckRS 2004, 06389.
87 *Joachim*, NJW 2006, 3058; *Seifert*, JR 2007, 491, 492 f.
88 *Hau*, LMK 2006, 196761.
89 Büchel / v. Rechenberg / *Nordmann*, Kap. 6 Rn. 156 f.
90 *Schmid*, IMR 2006, 112.

Die Neugründung einer Werbegemeinschaft im Shopping-Center in Form einer GbR verbunden mit einer formularvertraglichen Beitrittspflicht der Geschäftsraummieter scheidet damit aus.[91] Aufgrund dieser Entscheidung werden sich voraussichtlich zahlreiche Werbegemeinschaften in Einkaufszentren, die bisher in Form einer GbR geführt wurden, auflösen bzw. umstrukturieren.[92]

b3) Verbleib der Mitglieder

Wegen der grundsätzlichen Bedeutung für bestehende GbR-Werbegemeinschaften soll jedoch trotzdem die Frage geprüft werden, ob der Verbleib der Mitglieder während der Dauer des Mietvertrages, also der Kündigungsausschluss für diesen Zeitraum, wirksam vereinbart werden kann.

In § 723 BGB ist grundsätzlich geregelt, dass eine auf unbestimmte Zeit eingegangene Gesellschaft von jedem Gesellschafter jederzeit gekündigt werden kann (§ 723 I BGB). Der Ausschluss dieses Kündigungsrechts ist nichtig (§ 723 III BGB). Auch Einschränkungen, wie z. B. die Vereinbarung von Vertragsstrafen für den Fall der Kündigung, das Vorliegen bestimmter Kündigungsgründe, übermäßig lange Kündigungsfristen, die Bindung an einen Mehrheitsbeschluss etc. sind unzulässig. Ebenso unzulässig ist die Umgehung des Kündigungsrechts durch eine Gesellschaft, die zwar nicht auf unbestimmte, aber auf übermäßig lange Zeit eingegangen wird.[93]

Das läuft dem Ziel der Werbegemeinschaft im Shopping-Center grundsätzlich zuwider, deren unbedingte Voraussetzung – wie aufgezeigt – die Beibehaltung der Mitgliedschaft aller Mieter während der gesamten Dauer ihres Mietverhältnisses ist. Der BGH hat jedoch mit Urteil vom 02.04.1979 entschieden, dass ein Ausschluss zumindest der ordentlichen Kündigung für die Dauer des Mietvertrags, also die Laufzeitkopplung eines auf bestimmte Zeit abgeschlossenen Mietvertrags und der Mitgliedschaft in der Werbegemeinschaft, möglich ist.[94] Der Vertrag war in dem zugrunde liegenden Fall auf die Dauer von 10 Jahren fest abgeschlossen worden und steht damit beispielhaft für die bei Geschäftsraummietverträgen üblicherweise vereinbarten langen Laufzeiten.

---

[91] *Seifert*, JR 2007, 490, 491.
[92] *Kappus*, NJW-Spezial, 2007, 5, 6.
[93] Staudinger / *Habermeier*, § 705, Rn. 19 ff.
[94] *BGH*, NJW 1979, 2304, 2305.

Ein Kündigungsrecht kann wirksam ausgeschlossen werden, wenn die Gesellschafter die Dauer ihrer Bindung einigermaßen übersehen und sich darauf einstellen können. Der § 723 BGB dient dem Zweck, nur ganz unüberschaubaren zeitlichen Bindungen den Kündigungsausschluss zu versagen. Das ist der Fall, wenn weder eine zeitliche noch eine nach der Zweckerreichung festgelegte Begrenzung vorhanden ist.[95] Das heißt jedoch auch, dass bei einem unbefristet abgeschlossenen Mietvertrag eine Laufzeitkopplung nicht möglich ist und das ordentliche Kündigungsrecht für die Mitgliedschaft in der Werbegemeinschaft in dieser Konstellation nicht ausgeschlossen werden kann.[96]

Nicht abdingbar bleibt auch das Recht zur Kündigung aus wichtigem Grund (§ 723 III BGB). Zu prüfen ist hier im Einzelfall lediglich die Frage, ob ein wichtiger Grund vorliegt. In der fehlenden Klarstellung der Rechtsform der Werbegemeinschaft in der Satzung hat der BGH jedenfalls keinen wichtigen Grund gesehen, solange nicht von dem kündigenden Mitglied dargelegt wird, ob und wie es erfolgversprechend auf eine Satzungsänderung hingewirkt hat. Als problematisch hat der BGH aber bereits in seinem Urteil vom 02.04.1979 ein eventuelles Auftreten der Werbegemeinschaft als GbR gesehen, weil damit regelmäßig ein persönliches Haftungsrisiko für das Mitglied verbunden sei.[97]

Unter Berücksichtigung der einschlägigen Rechtsprechung kann daher festgestellt werden, dass zumindest während der Laufzeit eines üblicherweise für einen langen, aber befristeten Zeitraum abgeschlossenen Geschäftsraummietvertrags die Bindung der Gesellschafter einer Werbegemeinschaft in der Rechtsform der GbR durch Ausschluss des ordentlichen Kündigungsrechts wirksam vereinbart werden kann.

c) Flexible Beitragsgestaltung

Zu klären ist unter diesem Aspekt, ob sich die GbR zur Führung einer Non-Profit-Organisation eignet, ob die Beiträge wie gefordert flexibel gestaltet werden können.

---

[95] BGHZ 50, 316, 321.
[96] *LG Berlin*, Urt. v. 22.06.2007 – 56 S 28/07, S. 4 (n. v.).
[97] *BGH*, NJW 1979, 2304, 2306.

In der GbR sind gemäß § 706 I BGB Beiträge von allen Gesellschaftern in gleicher Höhe zu leisten, soweit nichts anderes vereinbart wurde. Hierbei handelt es sich aber nur um eine Auslegungsregel für den Fall, dass der Gesellschaftsvertrag dazu nichts vorsieht.[98] I. d. R. wird der Beitrag im Gesellschaftsvertrag festgelegt. Die spätere Änderung kann nur durch die Gesamtheit der Gesellschafter, nicht jedoch durch den eingesetzten Geschäftsführer allein erfolgen.[99] Hinsichtlich der Gestaltung der Beitragspflicht sind die Gesellschafter weitgehend frei, beschränkt werden sie nur durch die allgemeinen Grundsätze (Sittenwidrigkeit).[100] Auch die Beitragshöhe kann im Gesellschaftsvertrag festgelegt werden, insbesondere können auch unterschiedliche Beiträge bis hin zur Beitragsfreiheit einzelner Gesellschafter vereinbart werden.[101]

Eine spätere Beitragserhöhung ist gemäß § 707 BGB prinzipiell zwar ausgeschlossen, diese Bestimmung ist jedoch dispositiv. Im Gesellschaftsvertrag kann deshalb davon abweichend eine Beitragserhöhung unter definierten Voraussetzungen vorgesehen werden. Ein Gesellschafterbeschluss zur Beitragserhöhung kann nur mit Zustimmung aller betroffenen Gesellschafter wirksam erfolgen.[102]

d) Bewertung

Aufgrund ihrer Wesensmerkmale war die GbR nach dem Gesetzeswortlaut zunächst nicht geeignet, die Realität in einer Werbegemeinschaft abzubilden, die insbesondere von ständigem Wechsel der Mieter geprägt ist. Auch die grundsätzlich gemeinsame Geschäftsführung (Selbstorganschaft) der GbR ist kein Modell, das den Notwendigkeiten in einer Werbegemeinschaft entspricht. Die aufgrund der geltenden Vertragsgestaltungsfreiheit stattfindende atypische Fortentwicklung der GbR in der Praxis, z. B. durch vornehmlich aus steuerlichen Gründen entstandene Massen- oder Publikumsgesellschaften zum Objekterwerb, und die daraus resultierende Sonderbeurteilung[103] sowie die Rechtsfortbildung hinsichtlich der Teilrechtsfähigkeit machte die GbR aber grundsätzlich zu einer für die Werbegemeinschaft geeigneten Gesellschaftsform. Möglich und erforderlich ist auch die Benennung einzelner Gesellschafter als Geschäftsführer. Zur Vertrauensbildung kann darüber hinaus ein Beirat einge-

[98] Säcker / Rixecker / *Ulmer / Schäfer*, § 706, Rn. 1.
[99] Säcker / Rixecker / *Ulmer / Schäfer*, § 706, Rn. 7.
[100] Säcker / Rixecker / *Ulmer / Schäfer*, § 706, Rn. 8.
[101] Säcker / Rixecker / *Ulmer / Schäfer*, § 706, Rn. 15 ff.
[102] Palandt / *Sprau* § 707, Rn. 1 f.
[103] Staudinger/ *Habermeier*, Vorbem §§ 705-740, Rn. 69; Säcker/ Rixecker / *Ulmer*, Vor § 705, Rn. 3.

setzt werden. Weil jedoch aufgrund der unbeschränkten gesamtschuldnerischen Haftung der einzelnen Gesellschafter der GbR keine formularvertragliche Beitrittsverpflichtung vereinbart und damit der Beitritt aller Mieter eines Shopping-Centers nicht sichergestellt werden kann, scheidet die GbR als Rechtsform für die Neugründung Werbegemeinschaft im Ergebnis aus.[104]

2. Verein

Die Alternative für die aufgrund der fehlenden Haftungsbeschränkung ungeeignete GbR könnte die Verwendung der Rechtsform des Vereins sein.[105] Der Vereinsbegriff wird im BGB nicht definiert. Nach übereinstimmender Auffassung von Rechtsprechung und Literatur[106] ist ein Verein eine auf Dauer berechnete Verbindung einer größeren Anzahl von Personen zur Erreichung eines gemeinsamen Zweckes, die nach ihrer Satzung körperschaftlich organisiert ist, einen Gesamtnamen führt und auf einen wechselnden Mitgliederbestand angelegt ist.[107] Unterschieden wird zwischen dem Idealverein (nichtwirtschaftlicher Verein) und dem wirtschaftlichen Verein:

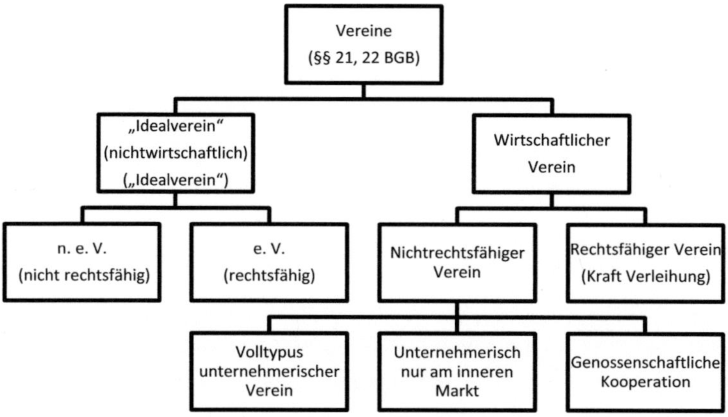

Quelle: Eigene Darstellung

Abbildung 2: Übersicht zur Rechtsform des Vereins

[104] BGHR BGB § 307 Abs. 1 Geschäftsraummiete 1, Rn. 13.
[105] *Joachim*, NJW 2006, 3058.
[106] Säcker / Rixecker / *van Berk*, § 2, Rn. 1; *Schmidt*, § 23 I 1.
[107] RGZ 143, 212, 213.

Gemäß § 21 BGB erlangt ein Verein, dessen Zweck nicht auf einen wirtschaftlichen Geschäftsbetrieb gerichtet ist, Rechtsfähigkeit durch Eintragung in das Vereinsregister des zuständigen Amtsgerichts (Normativsystem). Der wirtschaftliche, zunächst nichtrechtsfähige Verein wird gemäß § 22 S. 1 BGB durch staatliche Verleihung zum rechtsfähigen Verein, also zur juristischen Person (Konzessionssystem).[108]

Der wirtschaftliche, nichtrechtsfähige und der wirtschaftliche, rechtsfähige Verein sind aufgrund allgemein anerkannter Rechtsprechung – entgegen der irreführenden Bezeichnung – zumindest hinsichtlich ihrer Rechtsfähigkeit heute weitgehend gleichgestellt.[109] Unterschiede gibt es dagegen nach wie vor in der Haftung, die gemäß § 54 BGB Satz 2 beim nichtrechtsfähigen Verein nicht nur auf das Vereinsvermögen beschränkt ist. Es ist nicht ausgeschlossen, dass abhängig von der Organisation der Vereinigung im Innenrecht sowohl Vereins- als auch Gesellschaftsrecht anwendbar sein kann. Im Außenverhältnis muss aber aufgrund der abschließenden Aufführung, des *Numerus clausus* der Gesellschaftsformen, eine klare Zuordnung zu einer Rechtsform erfolgen.[110] Eine Gesetzesinitiative des Landes Baden-Württemberg zur Modernisierung des Vereinsrechts, nach der unter Berücksichtigung der BGH-Rechtsprechung das bestehende Normativsystem der nicht wirtschaftlichen Vereine durch ein System freier Körperschaftsbildung ersetzt werden sollte, das dem Verein unabhängig von der Eintragung Rechtspersönlichkeit und damit Rechtsfähigkeit gewährt, war nicht erfolgreich.[111]

a) Abgrenzung nichtwirtschaftlicher/ wirtschaftlicher Verein

Die Abgrenzung des Vereins mit wirtschaftlichem Geschäftsbetrieb vom Verein mit nichtwirtschaftlichem Geschäftsbetrieb ist umstritten. Nach herrschender Meinung ist von wirtschaftlichem Geschäftsbetrieb auszugehen, wenn der Verein – auch ohne Gewinnerzielungsabsicht – am Markt Leistungen anbietet und wie ein Unternehmer am Wirtschafts- und Rechtsverkehr teilnimmt.[112]

---

[108] Prütting u. a. / *Schöpflin*, § 21, Rn. 1.

[109] Soergel / *Hadding*, BGB § 54, Rn. 16; Staudinger / *Weick*, § 54 Rn. 14d; Säcker / Rixecker / *Reuter*, § 54, Rn. 15; Zöller / *Vollkommer*, ZPO § 50, Rn. 22, 30, 37.

[110] Bamberger / Roth / *Schwarz/ Schöpflin*, § 21, Rn. 36.

[111] BR-Drs. 99/06.

[112] Palandt / *Ellenberger*, § 21, Rn. 2; *Sauter u. a.*, Rn. 43 f.

Zu klären ist vor diesem Hintergrund, ob die Werbegemeinschaft im Shopping-Center in dem beschriebenen Sinn als nichtwirtschaftlich oder wirtschaftlich anzusehen ist. Während der Verein „Kieler Hafenfest", der als einzigen Zweck die Ausrichtung eben des Kieler Hafenfestes hat, vom OLG Schleswig als nichtwirtschaftlich beurteilt wurde,[113] ist ein Zusammenschluss von 23 Gewerbetreibenden zum Zweck der „Ausweitung des G'burger Einzelhandels" in Form einer Werbegemeinschaft vom Bayerischen Oberlandesgericht als wirtschaftlich angesehen worden. Das BayObLG hat zunächst festgestellt, dass nicht die in der Satzung formulierte, sondern die sich aus der Tätigkeit ergebende tatsächliche Zielsetzung entscheidend sei. Allerdings sieht das BayObLG einen wirtschaftlichen Geschäftsbetrieb zwar noch nicht in der Beitragsleistung der Mitglieder und der Durchführung der Werbeaktionen, aber schließlich – dem Beschluss des BGH vom 14.07.1966 folgend[114] – in der dauernden und planmäßigen Teilnahme am Rechtsverkehr mit Dritten. Wenn die vom Verein durchgeführten Werbeaktionen nicht nur allgemein zur Belebung des Handels, sondern konkret für die Geschäfte einzelner Mitglieder durchgeführt würden, handelte es sich jedenfalls um einen wirtschaftlichen Verein, wobei zur abschließenden Beurteilung im konkreten Sachverhalt dazu weitere Feststellungen für notwendig gehalten wurden.[115] Auch zur Erfüllung der beschriebenen Aufgaben einer professionell geführten Werbegemeinschaft im Shopping-Center zwingend erforderlich ist allerdings die in dem Beschluss des BGH im Fall einer Taxizentrale als Grund für die Versagung der Eintragung als nicht wirtschaftlicher Verein formulierte dauernde und planmäßige Teilnahme am Rechtsverkehr mit Dritten in rechtsgeschäftlich verbindlicher Weise. Der BGH stellte bei seinem Beschluss u. a. auf den Gläubigerschutz im Rechtsverkehr, der durch die einfache Eintragung eines Vereins nach § 21 BGB nicht ausreichend gewährleistet sei, ab.[116]

Das Hanseatische Oberlandesgericht Bremen hat in einem jüngeren Urteil die branchenübergreifende Zusammensetzung einer City-Werbegemeinschaft hervorgehoben und als Idealverein erkannt.[117] Entscheidend war nicht, dass die Mitglieder in erster Linie wirtschaftliche Vorteile für sich selbst anstrebten, sondern ob der Verein selbst

---

[113] *OLG Schleswig*, NJW-RR 2001, 1478.
[114] BGHZ 45, 395.
[115] *BayObLG*, RPfleger 1977, 19, 20.
[116] BGHZ 45, 395f.
[117] *OLG HB*, OLGZ 1989, 1, 3.

einen wirtschaftlichen Geschäftsbetrieb führt. Eine Auslagerung wirtschaftlicher Tätigkeiten der Mitglieder auf den Verein wurde verneint, auch das genossenschaftliche Element trete deutlich zurück. Der dieser Entscheidung zugrunde liegende Sachverhalt trifft die Situation einer Werbegemeinschaft im Shoppingcenter genauer.

Unterstützt wird diese Einschätzung auch vom BGH, der in seinem oben bereits aufgeführten Urteil vom 02.04.1979, ohne das jedoch näher zu problematisieren, die Werbegemeinschaft im Shopping-Center als Idealverein einordnet, indem er die Haftung als auf das Vereinsvermögen beschränkt angenommen hat.[118] *Westermann* sieht in diesem Urteil bereits die generelle Haftungsbeschränkung für alle Fälle, in denen sich die Vereinigung selbst als Verein bezeichnet und auch nach außen in dieser Form auftritt, in Konsequenz also auch die haftungsmäßige Gleichstellung von rechtsfähigem und nichtrechtsfähigem Verein.[119]

Das Landgericht Frankfurt am Main hat mit Beschluss vom 17.06.1994 im Falle eines Vereins zur Förderung und Weiterentwicklung eines Kreditkartensystems festgehalten, dass eine ideelle Zielsetzung keine Voraussetzung für einen nichtwirtschaftlichen Verein sei und auch angestrebte wirtschaftliche Vorteile für die Mitglieder noch keinen wirtschaftlichen Verein begründen. Erst das Hinzukommen von Elementen des wirtschaftlichen Geschäftsbetriebs mache die Abgrenzung des wirtschaftlichen Vereins aus.[120] Nichtsdestotrotz besteht im Einzelfall Unsicherheit, ob diese Zuordnung auch von anderen Gerichten übernommen würde, sie bedarf daher einer näheren Untersuchung.

Der wirtschaftliche Verein kann typologisch in den unternehmerischen Verein, den Verein mit Binnenmarkttätigkeit und den genossenschaftlichen Verein unterschieden werden.[121] Diesem von *K. Schmidt*[122] durch teleologische Auslegung entwickelten Ansatz hat sich die heute herrschende Meinung angeschlossen.[123] Dabei hat *Schmidt* in erster Linie auf den durch § 22 BGB bezweckten Gläubigerschutz abgestellt, ohne

---

[118] *BGH*, NJW 1979, 2304, 2305.
[119] Erman / *Westermann* § 54, Rn. 12.
[120] *LG Frankfurt a. M.*, NJW 1996, 2039, 2040.
[121] Prütting u. a. / *Schöpflin*, § 21, Rn. 3.
[122] *Schmidt*, RPfleger 1972, 286 ff., 343 ff..
[123] *Schöpflin*, S. 153; Bamberger / Roth / *Schwarz / Schöpflin*, § 21 Rn. 93 f.; Erman / *Westerman*, § 21, Rn. 2; Säcker / Rixecker / *Reuter*, § 21, 22, Rn. 6.

dass dadurch automatisch alle Vereine, die auch als AG oder GmbH geführt werden könnten, als wirtschaftlich eingestuft werden müssen.[124] Der Grundtyp des wirtschaftlichen Vereins ist demnach der *Volltypus des unternehmerischen Vereins*, der nicht nur als Nachfrager, sondern auch als Anbieter planmäßig und entgeltlich an einem äußeren Markt tätig ist. Der *Verein mit Binnenmarkttätigkeit* dagegen ist zwar auch anbietend, planmäßig und gegen Entgelt, jedoch nur vereinsintern, d. h. gegenüber den Mitgliedern, tätig. Unter Entgelt sind dabei auch Mitgliedsbeiträge oder ggf. eine Aufnahmegebühr zu verstehen. Beim *genossenschaftlichen Verein* übertragen die Mitglieder einen Teil ihrer Unternehmenstätigkeit zwecks genossenschaftlicher Kooperation auf den Verein.[125] Nur wenn keiner dieser Typen einschlägig ist, handelt es sich um einen nichtwirtschaftlichen Verein.[126] *Schmidt* führt zur Abgrenzung eine dreistufige Prüfung, aufbauend auf der entwickelten Typisierung, durch:[127]

a1) Volltypus des unternehmerisch tätigen Vereins

Die Werbegemeinschaft im Shopping-Center ist dauerhaft und planmäßig tätig, allerdings nur in Bezug auf die Bewerbung des Standortes. Es fehlt ihr jedoch am Merkmal der anbietenden Tätigkeit am äußeren Markt, sie nimmt keine Aufträge an. Die reine Nachfrage, also z. B. der Kauf von Werbemitteln, die Beauftragung von Künstlern etc. stellt kein Angebot dar. Solange die Mitgliedsbeiträge auch nicht unmittelbar Anspruch auf bestimmte Gegenleistungen begründen oder die Werbegemeinschaft den Mitgliedern bestimmte Leistungen berechnet, liegt in diesem Rahmen auch kein Entgelt vor.[128] Es handelt sich mithin bei der Werbegemeinschaft im Shopping-Center nicht um den Volltypus der vereinsmäßigen Mitunternehmerschaft.

a2) Ergänzender Typ des wirtschaftlichen Vereins

Wenn der Verein gegenüber seinen Mitgliedern unternehmerische Tätigkeiten entgeltlich anbietet, handelt es sich um einen *Verein mit Binnenmarkttätigkeit*.[129] Eine konkrete Tätigkeit wird den einzelnen Mitgliedern in der Werbegemeinschaft aber gerade nicht angeboten, die Werbung für den Standort bezieht sich gerade nicht – wie schon erwähnt – auf das einzelne Mitglied. Auch ein besonderes Entgelt kann

---

[124] *Schmidt*, RPfleger 1972, 286, 288.
[125] Prütting u. a. / *Schöpflin*, § 21, Rn. 4 ff.
[126] *Schmidt*, RPfleger 1988, 45, 51.
[127] *Schmidt*, RPfleger 1972, 343, 353.
[128] *Schmidt*, RPfleger 1972, 286, 290 f.
[129] *Schmidt*, RPfleger 1972, 343, 447 f.

und wird daher i. d. R. nicht vereinbart, obwohl als Entgelt auch schon der regelmäßige Mitgliedsbeitrag eingeordnet werden kann, dessen Relation zur Werbung letztlich nur eine Kalkulationsfrage ist. Hierauf kommt es aber vorliegend nicht mehr an.

Ein *genossenschaftlicher Verein* liegt vor, wenn die Mitglieder einen Teil ihrer Unternehmenstätigkeit zwecks genossenschaftlicher Kooperation auf den Verein übertragen. *Schmidt* bewertet Vereine zum Zweck gemeinschaftlicher Werbung allerdings als absolute Grenzfälle[130], ordnet sie aber im Ergebnis als Verein mit genossenschaftlicher Tätigkeit und damit als wirtschaftlichen Verein ein. Das hat auch das BayObLG im oben bereits ausgeführten Fall so gesehen.[131] Eine Auslagerung von Unternehmenstätigkeit und Unternehmenseinrichtungen besteht zweifelsfrei dann, wenn die sonst von den Mitgliedern im eigenen Namen durchgeführten Tätigkeiten vom Verein übernommen werden.[132] Das trifft bei der Werbegemeinschaft im Shopping-Center aber gerade nicht zu, weil eine vom konkreten Geschäft der Mitglieder, also eine branchenunabhängige Standortwerbung ohne die Werbegemeinschaft schlicht nicht stattfinden würde und auch die individuelle Werbung der Mitglieder nicht ersetzt. Durch die gemeinsame Wahrnehmung der Interessen für den Standort bewirkt die Werbegemeinschaft einen Vorteil gegenüber anderen Standorten, ohne dass hierdurch das Konkurrenzverhältnis der Händler am Standort untereinander aufgelöst und damit die Notwendigkeit, jeweils werbend tätig zu werden, entfiele. Eine genossenschaftliche Kooperation ist darin folglich nicht zu sehen.

a3) Anwendbarkeit Nebenzweckprivileg

Wenn eine der beiden vorangegangenen Fragen bejaht würde, liegt – soweit nicht das Nebenzweckprivileg einschlägig ist – ein wirtschaftlicher, nicht eintragungsfähiger Verein vor. Sofern im Rahmen der Werbegemeinschaft, die nach dem Vorgenannten zunächst als nicht wirtschaftlicher Verein eingeordnet wurde, dennoch wirtschaftlicher Geschäftsbetrieb zur Zweckerfüllung notwendig ist, könnte darin ein unter Berücksichtigung des in der Rechtsprechung entwickelten, im Grunde rechtlich inkonsequenten, jedoch aufgrund seiner verbreiteten Anwendung auch nicht ohne schwerwiegende Folgen in Form von massenhafter Vereinslöschungen abzuschaffendes

[130] *Schmidt*, RPfleger 1972, 343, 346.
[131] *BayObLG*, RPfleger 1977, 19, 20.
[132] *Schmidt*, RPfleger 1988, 45, 49.

Nebenzweckprivileg liegen. Das Nebenzweckprivileg ergibt sich dabei nicht aus idealen Motiven, die in der abzulehnenden subjektiven Abgrenzung der Vereinsklassen Eingang fanden. Vielmehr ist darauf abzustellen, ob es sich bei der schädlichen Tätigkeit um ein „Mittel zum Zweck" handelt oder ob im Verhältnis zur Haupttätigkeit eine Unterordnung der Nebentätigkeit unverkennbar ist.[133] Die Abgrenzung an dieser Stelle ist jedoch äußerst unscharf und sollte nach der Entwurfsfassung vom 25.08.2004 zur Überarbeitung des Vereinsrechts, die derzeit aber nicht weiterverfolgt wird, gesetzlich geregelt werden.[134]

Im Ergebnis ist die Werbegemeinschaft im Shopping-Center als nichtwirtschaftlicher Verein einzuordnen, auch wenn letzte Unsicherheiten aufgrund der unscharfen Abgrenzungskriterien nicht vollständig ausgeräumt werden können. Eine abweichende Beurteilung im Einzelfall ist daher nicht vollständig auszuschließen. Im Folgenden ist deshalb gemäß der angeführten, überwiegenden Rechtsprechung von der Einordnung der Werbegemeinschaft im Shopping-Center als *nichtrechtsfähigem, nichtwirtschaftlichen Verein* unter Berücksichtigung des Risikos der Einordnung als wirtschaftlichem Verein auszugehen.

b) Geschäftsführung, Beschlussfassung und Handlungsfähigkeit

Zu prüfen ist auch hier – wie schon bei der GbR –, welcher Aufwand für die Gründung und Verwaltung des Vereins entsteht, ob Akteure aller möglichen Rechtsformen Mitglied werden können, wie die Beschlussfassung geregelt und die Handlungsfähigkeit sichergestellt werden kann.

b1) Gründungs- und Verwaltungsaufwand

Die Gründung eines Vereins kann bereits durch mindestens drei Personen in der Gründungsversammlung durch Feststellung der Satzung, die mindestens den gemeinsamen Zweck, den Namen, den Sitz und die körperschaftliche Struktur enthalten muss, erfolgen.[135] Davon abgesehen besteht Privatautonomie bei der Gestaltung der Satzung. Eine bestimmte Form ist zwar nicht zwingend vorgeschrieben, jedoch ist die Schriftform bei beabsichtigter Eintragung im Vereinsregister obligatorisch.[136]

---

[133] *Schmidt*, RPfleger 1972, 343, 351 f.
[134] Beuthien / Gummert / *Gummert*, § 9, Rn. 28.
[135] Bamberger / Roth / *Schwarz / Schöpflin*, § 21, Rn. 108f.
[136] Beuthien / Gummert / *Knof*, § 15, Rn. 21 f.

Dabei kann der Verein sowohl mit als auch ohne die gefasste Absicht zur Erwirkung der Eintragung gegründet werden.[137]

Kosten fallen beim eingetragenen Verein für die Erstellung der Satzung und in Form von Gebühren und Kosten für die vorgeschriebene öffentliche Beglaubigung der Erklärungen (§ 77 BGB) zur Eintragung im Vereinsregister gemäß § 59 BGB an. Auch Änderungen im Vorstand sowie Satzungsänderungen sind jeweils gebührenpflichtig beim Registergericht anzumelden (§§ 67, 71 BGB). Für den nicht eingetragenen Verein existiert kein öffentliches Register, entsprechend entstehen auch keinerlei Gebühren oder sonstiger Aufwand für eine Eintragung. Verwaltungsaufwand fällt durch das Abhalten der Mitgliederversammlung an.

Zusammenfassend sind Gründung und Verwaltung des nicht eingetragenen Vereins nur mit geringen Kosten verbunden, für den eingetragenen Verein fallen Kosten bei notwendigen Registereintragungen von i. d. R. nicht mehr als 100 Euro an.[138]

b2) Einfache Organisation

Als oberstes Organ des Vereins sieht § 32 BGB die Mitgliederversammlung vor. Das geschäftsführende Organ ist der Vorstand, weitere Organe können berufen werden. Im nichtrechtsfähigen Verein legt die keiner bestimmten Form bedürftige Satzung die Organisation fest.[139] Die Organisation ist entsprechend der formulierten Anforderung – insbesondere im nicht eingetragenen Verein – flexibel und einfach handhabbar. Der Vorstandsvorsitz sollte regelmäßig vom beauftragten Center-Management eingenommen werden, um eine professionelle Geschäftsführung der Werbegemeinschaft zu gewährleisten.

b3) Mitgliederbeteiligung

Die Mitglieder haben zunächst das Recht, an Mitgliederversammlungen teilzunehmen und dort von ihrem Rede- und Stimmrecht, sowie von ihrem Wahlrecht Gebrauch zu machen.[140] Die Mitgliederversammlung besitzt Grundzuständigkeit, d. h. sie ist gemäß § 32 I 1 BGB für alle Angelegenheiten zuständig, die nicht vom Vor-

---

[137] Staudinger / *Weick*, § 21, Rn. 17.
[138] Beuthien / Gummert / *Knof*, § 12, Rn. 30.
[139] Palandt / *Ellenberger*, § 54, Rn. 6.
[140] Bamberger / Roth / *Schwarz / Schöpflin*, § 38, Rn. 19.

stand oder einem anderen Vereinsorgan ausgeführt werden. Die Kompetenzverteilung zwischen Vorstand und Mitgliedern und die Benennung weiterer Organe sind frei gestaltbar.[141] Sinnvoll und rechtlich zulässig ist die Einbeziehung der Mitglieder in den Vorstand durch Wahl in der Mitgliederversammlung, die Wahl von Rechnungsprüfern und ggf. für bestimmte Zwecke der Einsatz von Werbeausschüssen, die sich aus den betroffenen Mitgliedern rekrutieren.[142]

b4) Rechtsfähigkeit und Klagebefugnis

Der eingetragene Verein als juristische Person war stets aktiv und passiv parteifähig.[143] Die aktive Parteifähigkeit des nichtrechtsfähigen Vereins war dagegen heftig umstritten und wurde vielfach mit Verweis auf die Regelung in § 50 II ZPO verbunden mit dem Verbot einer Rechtsfortbildung *contra legem* abgelehnt.[144] *Schöpflin* verneinte die Rechtsfähigkeit der GbR und des nichtrechtsfähigen Vereins mangels deren Rechtspersönlichkeit und grenzt begrifflich die zugestandene *Rechtsverkehrsfähigkeit* ab. Er argumentierte dabei u. a. mit der nach § 50 II ZPO lediglich passiven Parteifähigkeit des nichtrechtsfähigen Vereins.[145] In Abänderung früherer Rechtsprechung[146] und dem entsprechenden Urteil zur Parteifähigkeit der GbR folgend[147] hat der BGH aber nun auch die aktive Parteifähigkeit des nichtrechtsfähigen Vereins bejaht.[148] Diese neue Beurteilung wurde in der Literatur vielfach begrüßt und übernommen,[149] zur Herstellung von Rechtssicherheit wurde aber mit Blick auf die vorherige Diskussion auch eine gesetzliche Klarstellung als geboten angesehen.[150]

Schließlich hat auch der Gesetzgeber reagiert und mit Wirkung ab 24.09.2009 die entsprechende Regelung in § 50 II ZPO geändert, in der es nun heißt: „*Ein Verein, der nichtrechtsfähig ist, kann* ***klagen und*** *verklagt werden; in dem Rechtsstreit hat der Verein die Stellung eines rechtsfähigen Vereins.*“ Die Diskussion in der Literatur ist damit beendet. Zwischen rechtsfähigem und nichtrechtsfähigem Verein besteht

---

[141] *Schöpflin*, S. 266f., S. 274f.
[142] Bamberger / Roth / *Schwarz / Schöpflin*, § 38, Rn. 26.
[143] Zöller / *Vollkommer*, ZPO § 50, Rn. 10, 16.
[144] *Backhaus*, S. 124 ff.; *Schöpflin*, S. 381.
[145] *Schöpflin*, S. 116.
[146] BGHZ 109, 15; *LG Marburg*, NJW-RR 2000, 661 ff.
[147] BGHZ 146, 341.
[148] BGHR ZPO § 50 Abs. 2 Aktive Parteifähigkeit 1, Rn. 55.
[149] *Baumbach u. a.,* ZPO § 50 Rn. 24; Palandt / *Ellenberger*, § 54, Rn. 10; *Terner*, NJW 2008, 16, 17.
[150] *Kempfler*, NZG 2002, 411, 413 f.

zumindest im Verfahrensrecht der ZPO kein Unterschied mehr. Die sprachlich paradoxe aber nichtsdestotrotz inhaltlich zutreffende Konsequenz lautet, dass der nichtrechtsfähige Verein nunmehr quasi rechtsfähig, jedenfalls zweifelsfrei parteifähig geworden ist.

Auch die Werbegemeinschaft als nichtrechtsfähiger Verein ist damit in der Lage, Beitragsforderungen gegenüber den Mitgliedern gerichtlich durchzusetzen. Dabei ist analog der zulässigen Geltendmachung von Sozialansprüchen bei der GbR gegen einzelne Gesellschafter auch die Klage der Werbegemeinschaft selbst gegen ihre Mitglieder zulässig.[151]

c) Beitrittspflicht für alle Mieter des Shopping-Centers

Zu prüfen ist weiterhin, ob alle denkbaren Rechtsformen der Werbegemeinschaft in Form eines Vereins beitreten bzw. hierzu verpflichtet werden können.

c1) Anzahl und Heterogenität der Mitglieder

Der Verein als juristische Person ist grundsätzlich vom Mitgliederbestand unabhängig und auf einen großen Kreis von Mitgliedern ausgelegt, eine gesetzliche Obergrenze für die Mitgliederzahl gibt es nicht. Mitglieder eines nichtrechtsfähigen Vereins können natürliche und juristische Personen sowie Personengesellschaften als auch wiederum nichtrechtsfähige Vereine werden.[152] Einschränkungen hinsichtlich Anzahl und Heterogenität der Mitglieder ergeben sich daraus nicht, die Anforderungen der Werbegemeinschaft im Shopping-Center werden insofern erfüllt.

c2) Formularvertragliche Beitrittspflicht

Der Beitritt zum nichtrechtsfähigen Verein kann durch entsprechende Regelung in der Satzung auch durch einfache Beitrittserklärung gegenüber dem Vorstand erfolgen und ist grundsätzlich formlos möglich.[153] Die Möglichkeit, eine formularvertragliche Verpflichtung zum Beitritt wirksam in den Mietvertrag aufnehmen zu können, wird nach der Rechtsprechung des BGH zur Ablehnung bei einer Werbegemeinschaft in der Rechtsform der GbR auch hier grundsätzlich nicht mehr überraschend und damit

---

[151] *LG Berlin*, Urt. v. 22.06.2007 – 56 S 28/07, S. 3 (n. v.).
[152] Säcker / Rixecker / *Gummert*, § 70, Rn. 1.
[153] Säcker / Rixecker / *Gummert*, § 70, Rn. 2.

zulässig sein, aber von der Beschränkung der Haftung der einzelnen Mitglieder für die Verbindlichkeiten des Vereins abhängen.[154]

In der Rechtsprechung wurde trotz fehlender ausdrücklicher gesetzlicher Regelung entschieden, dass nach der normalen Erwartung des Rechtsverkehrs die Haftung der Mitglieder im nichtwirtschaftlichen, eingetragenen Verein als auf das Vereinsvermögen beschränkt anzunehmen sei.[155] Dies einerseits, weil der handelnde Vorstand die Haftung durch einzelne Abreden bei Vertragsabschlüssen beschränken könne und andererseits, weil der Vorstand selbst als Bevollmächtigter handelt und seine Vertretungsmacht beschränkt sein könne, z. B. durch einen Ausschluss der persönlichen Haftung der Mitglieder in der Satzung.[156]

Auch für den nichtrechtsfähigen, nicht wirtschaftlichen Verein ist die Haftung auf das Vermögen des Vereins beschränkt, obwohl hier nach § 54 S. 1 BGB das Recht der Gesellschaft anwendbar und damit analog die akzessorische Haftung der Vereinsmitglieder anzunehmen wäre.[157] Der BGH hat mit Urteil vom 30.06.2003 im Fall eines nichtrechtsfähigen Idealvereins entsprechend entschieden,[158] auch wenn die Urteilsbegründung die aktuelle Diskussion in der Rechtsprechung zu diesem Punkt nicht weiter berücksichtigte.[159] Aufgrund der Verselbstständigung des nichtrechtsfähigen Vereins als Rechtssubjekt wird nach der heute herrschenden Meinung der Haftungsausschluss dadurch begründet, dass nicht die Begrenzung, sondern das Vorhandensein der persönlichen Haftung der Mitglieder einer ausdrücklichen gesetzlichen Regelung bedurft hätte.[160]

Im Gegensatz dazu haften bei einem nichtrechtsfähigen, wirtschaftlichen Verein alle Mitglieder persönlich und gesamtschuldnerisch.[161] Das gilt nach § 128 HGB jedenfalls dann, wenn der Verein ein Handelsgewerbe betreibt.[162] Selbst wenn die Werbegemeinschaft im Shopping-Center als wirtschaftlicher Verein angesehen würde, be-

---

[154] BGHR BGB § 307 Abs. 1 Geschäftsraummiete 1, Rn. 11.
[155] BGHZ 50, 326, 329; *BGH,* NJW 1979, 2304, 2306.
[156] Staudinger / *Weick*, § 54, Rn. 48 f.
[157] Prütting u. a. / *Schöpflin*, § 54, Rn. 17.
[158] BGHR § 54 Satz 2 Dritter 1.
[159] *Reuter*, NZG 2004, 217, 220.
[160] Soergel / *Hadding*, § 54, Rn. 22, 24; *Schmidt*, § 25 III 2; Säcker / Rixecker / *Reuter*, § 54, Rn. 48f.
[161] Staudinger / *Weick*, § 54, Rn. 55.
[162] Säcker / Rixecker / *Reuter*, § 54, Rn. 51.

treibt sie jedoch – wie bereits oben zur Rechtsform der GbR ausgeführt – gerade kein Handelsgewerbe. Für diesen Fall ist die Haftung eines nichtrechtsfähigen, wirtschaftlichen Vereins äußerst umstritten.[163]

Gemäß § 54 S. 2 BGB haften beim nichtrechtsfähigen Verein die Handelnden persönlich. Das gilt selbst dann, wenn sie nicht Mitglied des Vereins sind und auch dann, wenn im Rahmen einer wirksam erteilten Vollmacht gehandelt wurde.[164] Handeln wird im Falle der Werbegemeinschaft im Shopping-Center regelmäßig der Vorstandsvorsitzende. Dieser sollte – wie im Folgenden noch gezeigt wird – durch das vom Eigentümer beauftragte Center-Management, vertreten durch den örtlichen Centermanager, gestellt werden. Unter Berücksichtigung von § 54 S. 2 BGB muss der Centermanager daher für jede Handlung stets den individualvertraglich zulässigen Haftungsausschluss vereinbaren. Daneben besteht die Möglichkeit, eine sog. „Directors and Officers Liability Insurance" (D & O Versicherung) zur Verlagerung des Haftungsrisikos abzuschließen.[165] Der mit Wirkung zum 28.09.2009 eingefügte § 31a BGB beschränkt die Haftung zumindest der unentgeltlich tätigen Vorstandsmitglieder des Vereins auf Vorsatz und grobe Fahrlässigkeit.[166]

Mit der Einordnung der Werbegemeinschaft als nichtwirtschaftlicher Verein wäre demnach der Schutz der Mitglieder vor einer Durchgriffshaftung auch ohne Eintragung im Vereinsregister gewährleistet. Dieser entscheidende Punkt hängt jedoch von der – wie oben ausgeführt – nicht für jeden Einzelfall mit der erforderlichen Sicherheit geltenden Einordnung als wirtschaftlicher respektive nichtwirtschaftlicher Verein ab. Die Möglichkeit zur formularvertraglichen Beitrittsverpflichtung kann aber mit Blick auf das Urteil des BGH zur GbR-Werbegemeinschaft[167] für den haftungsbeschränkten nichtwirtschaftlichen Verein als gegeben angenommen werden.

c3) Verbleib der Mitglieder

Gemäß § 39 I BGB sind Vereinsmitglieder zum Austritt aus dem Verein berechtigt. Die Satzung kann hierzu nach § 39 II BGB festlegen, dass der Austritt nur zum Ge-

---

[163] Soergel / *Hadding*, § 54, Rn. 25; Säcker / Rixecker / *Reuter*, § 54, Rn. 53.
[164] Staudinger / *Weick*, § 54, Rn. 59.
[165] Beuthien / Gummert / *Knof*, § 12, Rn. 22.
[166] Gesetz zur Begrenzung der Haftung von ehrenamtlich tätigen Vereinsvorständen, BGBl. I 2009, 3161.
[167] BGHR BGB § 307 Abs. 1 Geschäftsraummiete 1, Rn. 13.

schäftsjahresende oder nach Ablauf einer Kündigungsfrist von höchstens zwei Jahren möglich ist. Diese Vorschrift ist nicht abdingbar (§ 40 BGB) und kann auch nicht durch satzungsmäßige Bestimmungen, die über § 39 II BGB hinausgehen, wie z. B. eine bestimmte Form der Austrittserklärung, ein Austrittsgeld oder eine Vertragsstrafe erschwert werden.[168] Diese Vorschrift ist – wie auch im Falle des § 723 BGB für die GbR – unvereinbar mit den erörterten Anforderungen an die Werbegemeinschaft im Shopping-Center, die einen Verbleib der Mitglieder während der gesamten Mietlaufzeit voraussetzt.

Für den nichtrechtsfähigen Verein gilt gemäß § 54 BGB sowohl Gesellschaftsrecht, anzuwenden mit der Folge des bereits zur GbR diskutierten möglichen Ausschlusses des Kündigungsrechts für die Dauer eines befristeten Mietvertrags, als auch Vereinsrecht.[169] Der ausschließlichen Anwendung des strengen Vereinsrechts auf den nichtrechtsfähigen Verein hat der BGH bereits mit Urteil vom 02.04.1979 aber ausdrücklich widersprochen. Der BGH hat dabei insbesondere die bei der GbR und eben auch beim nichtrechtsfähigen Verein geltende weitgehende Vertragsfreiheit hervorgehoben und hinsichtlich des anzuwendenden Rechts – unabhängig von der Bezeichnung, die die Beteiligten konkret verwenden – darauf abgestellt, welche Elemente im Einzelfall überwiegen. Kriterien können dabei die Organisationsform, die Behandlung des Vermögens oder die Beteiligten sein. Er hat dabei insbesondere auch erklärt, dass für ein und dieselbe Vereinigung sowohl Vereinsrecht als auch Gesellschaftsrecht gelten könne, je nachdem, welche Regelung der Organisation und ihren Mitgliedern am besten gerecht werden.[170]

Im Ergebnis hält der BGH den Ausschluss des Austritts entgegen § 39 BGB nur im nichtrechtsfähigen Verein durch den Verweis in § 54 BGB auf Gesellschaftsrecht für zulässig. § 39 BGB stellt damit, da auch unter Berücksichtigung der Rechtsprechung nicht auszuräumen, letztlich ein Ausschlusskriterium für die Werbegemeinschaft in der Rechtsform des eingetragenen Vereins dar. Eine mögliche Alternative bleibt aber der weiter oben auch aus anderen Gründen herangezogene nichtrechtsfähige Verein.

---

[168] Staudinger / *Weick*, § 39, Rn. 3.
[169] Jauernig / *Stürner*, § 705 Rn. 6.
[170] *BGH*, NJW 1979, 2304, 2305; a. A.: Staudinger / *Weick*, § 54, Rn. 47, verneint Anwendbarkeit § 39 BGB nur für den wirtschaftlichen Verein.

d) Flexible Beitragsgestaltung

Gemäß § 58 Nr. 2 BGB sollte bereits in der Satzung geregelt sein, ob und welche Beiträge von Mitgliedern zu leisten sind, ohne dass diese betragsmäßig aufgeführt sein müssen. Zulässig ist auch die Festlegung der Höhe der Beiträge durch einen Beschluss der Mitgliederversammlung. Wenn besondere Umlagen zur Deckung außergewöhnlicher Kosten möglich sein sollen, müssen diese unter Angabe einer objektiv bestimmbaren Obergrenze bereits in der Satzung vorgesehen sein. Dabei ist auch der Grundsatz der Gleichbehandlung zu beachten.[171] Einer Beitragserhöhung über die reine Geldentwertung hinaus müssen neben der einfachen Mehrheit in jedem Fall alle betroffenen Mitglieder zustimmen. Auch ist zu berücksichtigen, dass zumindest im für den e. V. geltenden strengen Vereinsrecht den Mitgliedern ein außerordentliches Kündigungsrecht zusteht.[172] Sollen Sonderumlagen beschlossen werden können, muss die Satzung diese Möglichkeit sowie eine Obergrenze dafür vorsehen.[173]

Durch die Festlegung eines regelmäßigen Beitrags und die Möglichkeit zu Umlagen aus besonderen Anlässen, wie z. B. Eröffnung bzw. Neueröffnungen, sind die Anforderungen der Werbegemeinschaft an eine flexible Beitragsgestaltung sowohl beim eingetragenen Verein als auch beim nichtrechtsfähigen Verein in ausreichendem Maße erfüllt, wobei der eingetragene Verein im Gegensatz zum nichtrechtsfähigen Verein an die gesetzlichen Vorschriften des strengeren Vereinsrechts gebunden ist und hier insofern einige Besonderheiten zu beachten sind.

e) Bewertung

Von einer Eintragung, die auch das Risiko der Ablehnung birgt, sollte wegen der zumindest hinsichtlich Rechtsfähigkeit weitgehenden Gleichstellung von rechtsfähigen und „nichtrechtsfähigen" Vereinen abgesehen werden. Zwingend verzichtet werden muss auf die Eintragung ohnehin wegen des damit verbundenen Verbots des satzungsmäßigen Kündigungsausschlusses für die Dauer des Mietvertrages. Der eingetragene Verein scheidet damit als Rechtsform für die Werbegemeinschaft aus. Die entwickelten Aspekte der Werbegemeinschaft im Shopping-Center vereint im Er-

---

[171] Beuthien / Gummert / *Wagner*, Rn. 24; Bamberger / Roth / *Schwarz / Schöpflin*, § 58 Rn. 5.
[172] *LG Hamburg*, NJW-RR 1999, 1708.
[173] BGHR BGB § 58 Satzungsinhalt 1, Rn. 11; Bamberger / Roth / *Schwarz / Schöpflin*, § 58 Rn. 4.

gebnis – mit Abstrichen bei der Haftung – die Rechtsform des nicht eingetragenen, nichtrechtsfähigen Vereins.

3. Gesellschaft mit beschränkter Haftung (GmbH / UG)

Zumindest bei größeren Centern könnte auch die Gründung der Werbegemeinschaft in Form einer GmbH sinnvoll sein.[174] Die GmbH ist gesetzlich geregelt im GmbHG, dort aber nicht ausdrücklich definiert. Treffend zusammengefasst wurden die wesentlichen Strukturelemente der GmbH in § 1 I des letztlich nicht beschlossenen Regierungsentwurfs für eine GmbH Reform 1971/1973:[175]

„Die Gesellschaft mit beschränkter Haftung ist eine Gesellschaft mit eigener Rechtspersönlichkeit, deren Rechtsverhältnisse die Gesellschafter, soweit nicht gesetzliche Vorschriften entgegenstehen, durch den Gesellschaftsvertrag regeln können. Für die Verbindlichkeiten haftet den Gläubigern nur das Gesellschaftsvermögen."

Letzte wesentliche Änderungen des GmbHG, die auch für die vorliegende Studie interessant sind, enthielt das Gesetz zur Modernisierung des GmbH-Rechts und zur Bekämpfung von Missbräuchen (MoMiG), mit dem die Unternehmergesellschaft mit geringem Stammkapital als vereinfachte Variante der GmbH eingeführt wurde.[176]

a) Geschäftsführung und Beschlussfassung

Es ist zunächst mit Blick auf die erörterten Aspekte zu untersuchen, welcher Aufwand für die Gründung und Verwaltung anfällt, wie die Beschlussfassung erfolgt und die Handlungsfähigkeit der GmbH sicher gestellt wird.

a1) Gründungs- und Verwaltungsaufwand

Der Gesellschaftsvertrag der GmbH muss gemäß § 2 I GmbHG notariell beurkundet werden. Satzungsänderungen erfordern eine Dreiviertelmehrheit und sind wiederum notariell zu beurkunden und dem Handelsregister zur Eintragung anzumelden.[177] Das Mindeststammkapital beträgt 25.000 Euro (§ 5 I GmbHG). Voraussetzung für die Eintragung im Handelsregister ist die Einlage von mindestens je einem Viertel der

---

174 *Joachim*, NJW 2006, 3058.
175 BT-Drs. VI/3088; BT-Drs. 7/253.
176 Büchel / v. Rechenberg / *Büchel*, Kap. 11 Rn. 16.
177 Büchel / v. Rechenberg / *Büchel*, Kap. 11 Rn. 25.

einzelnen Stammeinlage und mindestens der Hälfte des gesamten Stammkapitals durch Geldeinlagen, also mindestens 12.500 Euro (§§ 5 I, 7 GmbHG).[178] Das Stammkapital setzt sich aus Geschäftsanteilen zusammen, die jeweils auf volle Eurobeträge, d. h. auf mindestens einen Euro lauten müssen (§ 5 II, III GmbHG). Der Geschäftsanteil stellt die Rechte und Pflichten der Gesellschafter aus ihrer Mitgliedschaft dar.[179] Denkbar wäre hier z. B. eine Orientierung der jeweils zu übernehmenden Geschäftsanteile an der Mietfläche. Eine kostengünstigere Alternative stellt in diesem Zusammenhang die mit dem MoMiG in § 5a GmbHG als deutsche Alternative zur englischen *Limited* eingeführte *Unternehmergesellschaft haftungsbeschränkt (UG)* dar, die auf das für die GmbH erforderliche Stammkapital verzichtet. Das Stammkapital soll zwar durch gesetzlich vorgeschriebene Thesaurierung eines Viertels der Gewinne abzüglich eines evt. Verlustvortrags aus dem Vorjahr auf 25.000 Euro aufgefüllt werden, wodurch der anfangs vorhandene Vorteil verloren ginge.[180] Weil jedoch die Werbegemeinschaft keinen Gewinn erzielen wird, ist diese Bestimmung ohne Auswirkung. Die – vergleichbar mit der englischen Limited – aufgrund des niedrigen Haftungskapitals entstehende Problematik der geringen Vertrauenswürdigkeit der UG im Geschäftsverkehr kann in der Praxis dadurch gelöst werden, dass der Vermieter als Bürge für die Werbegemeinschaft auftritt. Im Übrigen finden für die UG alle Vorschriften des GmbHG Anwendung, sodass sich eine gesonderte Beurteilung dieser erübrigt.[181]

Jede GmbH ist gemäß § 13 III GmbHG Handelsgesellschaft im Sinne des HGB und unterliegt damit den auf Kaufleute anwendbaren Bestimmungen. Sie ist daher u. a. verpflichtet, Buch zu führen, einen Jahresabschluss aufzustellen und diesen prüfen zu lassen. Weiterhin muss jeder Gesellschafterwechsel, also jede Übertragung von Geschäftsanteilen, notariell beurkundet und im Handelsregister eingetragen werden.[182]

Bereits durch die Gründung der Gesellschaft entstehen mithin erhebliche Aufwendungen durch das zu leistende Stammkapital und daneben für Notar- und Gerichtskosten. Für die laufende Verwaltung fallen weitere Kosten an.

---

[178] Priester / Mayer / *Riemenschneider / Freitag*, § 7 , Rn. 1.
[179] Büchel / v. Rechenberg / *Schultze-Petzold*, Kap. 11 Rn. 524.
[180] Bunnemann / Zirngibl / *Zirngibl*, § 2 Rn. 76.
[181] Baumbach / Hueck/ *Fastrich*, § 5a Rn. 3.
[182] Büchel / v. Rechenberg / *Schultze-Petzold*, Kap. 11 Rn. 526 f.

a2) Einfache Organisation und Mitgliederbeteiligung

Die GmbH ist gekennzeichnet durch den Grundsatz der Fremdorganschaft, sie wird gemäß § 35 I GmbHG durch den Geschäftsführer und nur ausnahmsweise durch ihre Gesellschafter nach außen vertreten.[183] Die GmbH kann aufgrund der weitgehenden Satzungsautonomie durch den Gesellschaftsvertrag personalistisch oder kapitalistisch strukturiert und so an den jeweiligen Zweck angepasst werden.[184] Für die Werbegemeinschaft im Shoppingcenter bietet sich die Einsetzung des Center-Managements als Geschäftsführung zur einfachen und effizienten Vertretung im Außenverhältnis unter der Kontrolle eines (fakultativen) Aufsichtsrates, der sich aus Vermieter und Mietern zusammensetzt, an.

Die Gesellschafterversammlung ist allzuständig und erteilt der Geschäftsführung Weisungen. Beschlüsse werden dabei grundsätzlich mit einfacher Mehrheit gefasst, dabei gewährt jeder Euro Geschäftsanteil genau eine Stimme (§§ 46, 47 GmbHG). Um zu gewährleisten, dass stets der eingesetzte Center-Manager zum Geschäftsführer bestellt und auch bei Änderung der Mehrheitsverhältnisse nicht mit den Stimmen der Mieter abberufen werden kann, müsste der Vermieter also stets mehr als die Hälfte der Geschäftsanteile halten. Die Satzung kann in Abweichung von der gesetzlichen Regelung eine qualifizierte Mehrheit für die Geschäftsführerbestellung vorgeben.[185] Möglich ist jedoch aufgrund der Satzungsautonomie auch, die Bestellung bereits im Gesellschaftsvertrag zu verankern, sodass bereits eine Sperrminorität von 25% + eine Stimme ausreicht, die Abbestellung zu verhindern. Andererseits führt diese Bestimmung bei einem Fortgang des Center-Managers und einer notwendigen Neubestellung ebenfalls zu einer notwendigen Satzungsänderung. Im Gesellschaftsvertrag könnte aber auch einzelnen Gesellschaftern, also z. B. dem Vermieter, ein Bestellungs- oder Vorschlagsrecht für die Bestellung des Geschäftsführers eingeräumt werden, dessen Umsetzung je nach Ausgestaltung auch einklagbar ist.[186] Möglich ist darüber hinaus unter bestimmten Voraussetzungen auch, die Abberufung eines geschäftsführenden Gesellschafters von dessen Zustimmung abhängig zu ma-

---

[183] Baumbach / Hueck / *Hueck / Fastrich*, Einleitung Rn. 3.
[184] Büchel / v. Rechenberg / *Büchel*, Kap. 11 Rn. 30 f.
[185] Priester / Mayer / *Riemenschneider / Freitag*, § 6, Rn. 32.
[186] Priester / Mayer / *Riemenschneider / Freitag*, § 6, Rn. 22 ff.

chen.[187] Wenn der Vermieter selbst Gesellschafter und Geschäftsführer ist, könnte er sich dadurch seinen Einfluss nachhaltig sichern.

Auch wenn die Gesellschafter von der Geschäftsführung, soweit sie nicht selbst als Geschäftsführer bestellt wurden, ausgeschlossen sind, besteht durch die Allzuständigkeit der Gesellschafterversammlung und die frei gestaltbare interne Organisation ausreichend Raum zur Beteiligung der Mitglieder.

a3) Rechtsfähigkeit und Klagebefugnis

Die GmbH verfügt über eine eigene Rechtspersönlichkeit und kann sowohl klagen als auch verklagt werden (§ 13 I GmbHG). Die GmbH ist im Privatrecht im Rahmen der Möglichkeiten einer juristischen Person uneingeschränkt rechtsfähig.[188] Dieser Aspekt ist mithin voll erfüllt und bedarf keiner näheren Untersuchung.

b) Beitrittspflicht für alle Mieter des Shopping-Centers

Es ist festzustellen, ob alle potentiellen Geschäftsraummieter wirksam zum Beitritt und zum Verbleib während der Mietvertragslaufzeit verpflichtet werden können.

b1) Anzahl und Heterogenität der Mitglieder

Gesellschafter einer GmbH können sowohl natürliche als auch juristische Personen aller Rechtsformen aus dem In- und Ausland werden. Die Gründung der GmbH kann schon durch eine Person erfolgen, die Anzahl der Mitglieder ist gesetzlich nicht beschränkt.[189] Einschränkungen für die Eignung der GmbH als Rechtsform der Werbegemeinschaft ergeben sich aus diesem Punkt nicht.

b2) Formularvertragliche Beitrittsverpflichtung

Zentrale Anforderung an die grundsätzlich nicht überraschende Beitrittsverpflichtung im Formularmietvertrag und mithin zu prüfen ist nach den bereits zur GbR beleuchteten Ausführungen des BGH im Urteil vom 12.07.2006 die wirksame Haftungsbeschränkung der Werbegemeinschaft.[190] Gemäß § 13 II GmbHG ist die Haftung auf das Gesellschaftsvermögen beschränkt. Eine persönliche Haftung der Gesellschafter

---

[187] Priester / Mayer / *Riemenschneider / Freitag*, § 6, Rn. 31.
[188] Baumbach / Hueck / *Hueck / Fastrich*, § 13, Rn. 3.
[189] Büchel / v. Rechenberg / *Büchel*, Kap. 11 Rn. 276 ff.
[190] BGHR BGB § 307 Abs. 1 Geschäftsraummiete 1, Rn. 13.

für Gesellschaftsschulden ist damit ausgeschlossen.[191] Äußerst umstritten ist die persönliche Haftung der Gesellschafter in der Gründungsphase der GmbH.[192] Zumindest in der Zeit zwischen Gründungsversammlung und Eintragung der GmbH im Handelsregister könnte also auch im Falle der GmbH eine unangemessene Benachteiligung im Sinne des § 307 BGB vorliegen. Abgesehen von diesem hier nicht näher zu untersuchenden Sonderfall kann die Beitrittsverpflichtung zur Werbegemeinschaft in der Rechtsform der GmbH demnach aber formularvertraglich wirksam vereinbart werden.

b3) Verbleib der Mitglieder

Gesellschafter einer GmbH können ihren Gesellschaftsanteil veräußern oder vererben (§ 15 I GmbHG). Allerdings kann die Übertragung an Bedingungen geknüpft und von der Zustimmung z. B. eines Geschäftsführers abhängig gemacht werden.[193] Seinen Austritt kann ein Gesellschafter indes nur aus wichtigem Grund und auch nur als *Ultima Ratio* erklären, wobei umstritten ist, wann genau diese Voraussetzungen erfüllt sind. Auch darf durch den Austritt das Stammkapital nicht beeinträchtigt werden.[194] Ein Verbleib der Mitglieder für die Dauer ihres Mietvertrages kann also im Gesellschaftsvertrag verankert werden, indem die Veräußerbarkeit der Gesellschaftsanteile wirksam eingeschränkt wird. Denkbar wäre eine Regelung, die bei Auszug und dadurch bedingten Austritt des Mieters die Übertragung der Geschäftsanteile auf den Vermieter oder unmittelbar auf den jeweiligen Nachmieter regelt.

c) Flexible Beitragsgestaltung

Während sich der Verein dem Wesen nach durch die laufenden Beiträge seiner Mitglieder finanziert, ist die GmbH dadurch gekennzeichnet, dass sie sich nach einmaliger Aufbringung des Stammkapitals durch das betriebene Gewerbe finanziert. Ausführlich geregelt sind auch die Grundsätze der Kapitalerhaltung.[195] Ständige Kapitalerhöhungen zur Deckung der anfallenden Kosten sind indes aufgrund der damit verbundenen formellen Anforderungen nicht praktikabel. Das Werbebudget müsste daher über Beitragsvereinbarungen mit den einzelnen Gesellschaftern abgesichert wer-

---

[191] Baumbach / Hueck / *Hueck / Fastrich*, § 13, Rn. 7.
[192] Priester / Mayer / *Gummert*, § 16, Rn. 56 ff.
[193] Baumbach / Hueck / *Hueck / Fastrich*, § 15, Rn. 38.
[194] Baumbach / Hueck / *Hueck / Fastrich*, § 34, Rn. 18 ff.
[195] Büchel / v. Rechenberg / *Meyer*, Kap. 11 Rn. 932 f.

den. Änderungen könnten in der Folge wiederum ebenfalls nur aufwendig individuell verhandelt werden. Eine flexible Beitragsgestaltung ist insofern in der GmbH nicht ohne weiteres möglich.

d) Bewertung

Die GmbH ist aufgrund der hohen Gründungs- und Verwaltungskosten sowie der unflexiblen Beitragsgestaltung keine geeignete Rechtsform für die Gründung einer Werbegemeinschaft, obwohl sie die Anforderungen im Übrigen erfüllt. Die UG (haftungsbeschränkt) reduziert zwar anfangs die Gründungskosten, unterliegt im Übrigen aber denselben Einschränkungen.

4. Ergebnis

Die zu den einzelnen Rechtsformen analysierten Regelungsaspekte sind in der nachstehenden Tabelle überblicksweise zusammengefasst:

	GbR	e. V.	n. e. V.	GmbH/ UG
1. Geschäftsführung, Beschlussfassung und Handlungsfähigkeit				
- Geringer Aufwand	+	+	+	–
- Einfache Organisation	+	+	+	+
- Mitgliederbeteiligung	+	+	+	0
- Rechtsfähigkeit und Klagebefugnis	+	+	+	+
2. Beitrittspflicht für alle Mieter des Shopping-Centers				
- Anzahl, Heterogenität der Mitglieder	+	+	+	+
- formularmäßige Beitrittspflicht	–	+	0	+
- Verbleib der Mitglieder	+	–	+	+
- Haftungsbeschränkung	–	+	+	+
3. Flexible Beitragsgestaltung				
- regelmäßige Beiträge	+	+	+	–
- Sonderbeiträge	+	0	+	0
Ergebnis:	–	–	+	–

Legende:
+ = vollständig gegeben
0 = eingeschränkt
– = nicht erfüllt

Tabelle 1: Gegenüberstellung der untersuchten Rechtsformen

Unter Berücksichtigung aller Regelungsaspekte scheiden die GbR und der eingetragene Verein als Rechtsform aus. Als in wesentlichen Punkten ungeeignet erweist sich auch die GmbH bzw. die UG. Es verbleibt letztlich der nichtrechtsfähige bzw.

nicht eingetragene Verein (n. e. V.), der jedoch auch nicht alle Aspekte in idealer Weise erfüllt. Auf seine Schwächen ist insofern bei der vertraglichen und organisatorischen Ausgestaltung in den folgenden Abschnitten besonders einzugehen.

III. Satzung

Die Gründung der Werbegemeinschaft in der Rechtsform als nicht eingetragener Verein erfolgt in der Gründungsversammlung, in der die Gründungsmitglieder die für den künftigen Verein verbindlichen Regeln in einer Satzung niederlegen. Die Satzung ist wesentlicher Teil der Verfassung des Vereins. Sie wird in der Gründungsversammlung besprochen und angenommen, damit sie für den Verein wirksam wird. Die Satzung sollte gut gegliedert und verständlich sein und alle Instrumente enthalten, die die künftige Vereinsarbeit erleichtern. Einzelheiten, wie z. B. Verfahrensweisen bei der Tätigkeit des Vorstandes, müssen nicht in die Satzung aufgenommen werden sondern können auch in Geschäftsordnungen geregelt sein. Im Übrigen folgt die Satzung der Werbegemeinschaft dem im Vereinsrecht üblichen Aufbau. Nachstehend werden daher nur die Bestimmungen im Einzelnen aufgeführt, die die besonderen Regelungsaspekte der Werbegemeinschaft im Shopping-Center betreffen. Eine beispielhafte, vollständige Satzung findet sich im Anhang.

1. Geschäftsführung, Beschlussfassung und Handlungsfähigkeit

Um einen maßgeblichen Einfluss des Center-Managements und eine professionelle Betreibung der Werbegemeinschaft zu sichern, muss das beauftragte Center-Management der Werbegemeinschaft als ständiges Mitglied in der Funktion der Vorstandsvorsitzenden beitreten und diese Stellung in der Satzung abgesichert werden (§ 4 Ziff. 1, § 8 Ziff. 2, § 9, der Satzung).[196] Das ständige Mitglied bringt als Beitragsleistung sein Know-how als Center-Management ein und führt die Geschäfte kostenfrei bei Auslagenerstattung (§ 5 Ziff. 1, § 6 Ziff. 1 der Satzung). Die Erhaltung des Einflusses des Vermieters wird durch das in § 4 Ziff. 5 b der Satzung formulierte Vorschlags- bzw. Eintrittsrecht im Falle des Ausschlusses des ständigen Mitgliedes abgesichert.

---

[196] Lindner-Figura u. a. / *Eggersberger*, Kap. 23, Rn. 87.

Die Beschlussfassung in der ordnungsgemäß einberufenen Mitgliederversammlung erfolgt grundsätzlich durch einfache Mehrheit der anwesenden Stimmen (§ 11 Ziff. 8 der Satzung), wobei Satzungsänderungen einer qualifizierten Mehrheit von 75 % bei Anwesenheit von mindestens 2/3 der Mitglieder sowie der Zustimmung des ständigen Mitglieds bedürfen. Auf diese Weise ist abgesichert, dass eine Satzungsänderung nicht ohne das Center-Management erfolgen kann. Die Voraussetzungen für die Einberufung einer Mitgliederversammlung und die Form der Einberufung sollten in Anlehnung an das Recht des eingetragenen Vereins in der Satzung geregelt sein.[197]

2. Beitrittspflicht für alle Mieter des Shopping-Centers

Die Verpflichtung zum Beitritt ergibt sich aus dem abzuschließenden Mietvertrag bzw. der im Zusammenhang mit dem Mietvertrag vom Mieter zu unterzeichnenden Beitrittserklärung. Die dazu erforderliche Regelung wird in diesem Kapitel unter Abschnitt V näher beleuchtet. In der Satzung selbst wird der Ausschluss des Austritts während der Laufzeit des Mietvertrages verankert (§ 4 Ziffer 5 der Satzung). Tritt ein Rechtsnachfolger in den Mietvertrag ein, so tritt er auch der Werbegemeinschaft bei (§ 4 Ziffer 6 der Satzung).

3. Flexible Beitragsgestaltung

Nach der einschlägigen Rechtsprechung muss die Beitragshöhe bestimmbar sein. Mindestens müssen sowohl für die Beitragshöhe[198] als auch für Beitragserhöhungen[199] Obergrenzen festgelegt werden. Hierbei sind unterschiedliche Ausgestaltungen denkbar. Der BGH selbst hat einen bestimmten Prozentsatz der Miete als zulässig angesehen, sich jedoch nicht abschließend dazu geäußert, welche Regelungen darüber hinaus zulässig sind. Deren Ausgestaltung kommt damit der Center-Praxis zu. Zu berücksichtigen sind in jedem Fall die Grenzen von § 138 BGB (Wucher) und § 242 BGB (Treu und Glauben).[200]

In den verschiedenen Branchen der Geschäfte eines Shopping-Centers werden höchst unterschiedliche Mieten und Umsätze erzielt. Die Werbegemeinschaft muss aber bei der Planung ihrer Werbemaßnahmen mit einem möglichst genau bestimmten Budget

---

[197] Bamberger / Roth / *Schwarz / Schöpflin,* § 58 Rn. 7.
[198] BGHR BGB § 307 Abs. 1 Geschäftsraummiete 1, Rn. 15.
[199] *KG Berlin*, LSK 1999, 350261.
[200] *Joachim*, NJW 2006, 3058.

rechnen und in dieser Höhe bindende Verpflichtungen eingehen können, auch um einen steuerlich wirksamen Gewinn oder einen Verlust zu vermeiden. Eine Reduzierung der Werbebeiträge ist auszuschließen, um auch mehrjährige Verträge, wie z. B. einen Leasingvertrag mit einer Laufzeit von fünf Jahren für die Anschaffung einer aufwendigen Weihnachtsdekoration abschließen zu können. Darüber hinaus muss aber auch die aufgestellte Budgetplanung kurzfristig geändert werden können. Ergeben sich z. B. durch aktuelle Ereignisse unvorhergesehene Werbemöglichkeiten oder erfordern Vorgänge, wie z. B. Neueröffnung, Wiedereröffnung nach Restrukturierung, Wegfall des Ladenschlussgesetzes usw., besondere Werbemaßnahmen, muss auch hierauf und ggf. über den in der Planung vorgesehenen finanziellen Puffer hinaus reagiert werden können. Eine durch an Umsätze, Mieten oder Umsatzmieten gekoppelte schwankende Werbeeinnahme bietet dafür keine Basis.

Der Werbebeitrag hat insoweit eher den Charakter von Nebenkosten, die i. d. R. weitgehend unabhängig von der Umsatzsituation oder dem vereinbarten Mietpreis entstehen. Auch ist die Ermittlung und Überprüfung der erzielten Umsätze zum Teil aufwändig und damit nicht praktikabel. Fraglich wäre auch, inwieweit die Mieter gegenüber der Werbegemeinschaft zur Offenlegung ihrer Umsatzzahlen und ggf. auch zur Überprüfung der Bücher verpflichtet werden könnten. Es bietet sich daher die Verknüpfung der Höhe der Werbebeiträge mit den Mietflächen an.[201]

Durch eine rein betragsmäßige Festlegung der Beitragsobergrenze wird eine künftige Preisänderung (Inflation/ Deflation) nicht berücksichtigt und dadurch – wie auch bei fixen Mietpreisvereinbarungen – das ursprüngliche Äquivalenzverhältnis verschoben.[202] Es empfiehlt sich deshalb, analog zu der bei langfristigen Mietverträgen mit einer Laufzeit von mindestens 10 Jahren rechtlich unproblematisch formularmäßig möglichen Vereinbarung von Wertsicherungsklauseln für Mieten[203] und Betriebskostenpauschalen[204] die Wertsicherung auch der Beitragsobergrenzen vorzusehen. Erst bei wesentlichen Änderungen, z. B. bei einer Umstrukturierung des Centers, müsste dann durch eine Satzungsänderung die Höhe der Obergrenze neu vereinbart werden.

---

[201] Lindner-Figura u. a. / *Eggersberger*, Kap. 23, Rn. 86.
[202] Lindner-Figura u. a. / *Bartholomäi*, Kap. 10, Rn. 115.
[203] Bub / Treier / *Schultz*, Kap. III, Rn. 219.
[204] Schmidt-Futterer / *Börstinghaus*, § 557b, Rn. 11.

Die Regelung der Beiträge in einer gesonderten Beitragsordnung ist nicht empfehlenswert, da hierdurch die Einhaltung des Transparenzgebotes erschwert würde: Es müsste nachweislich neben der Satzung auch immer die Beitragsordnung Bestandteil der Beitrittsverpflichtung und der Beitrittserklärung geworden sein.[205] Eine ausführliche Regelung in der Satzung ist daher vorzuziehen.

Flexibilität ist schließlich nicht nur hinsichtlich der Beitragshöhe aller Mitglieder erforderlich, sondern auch hinsichtlich der durch den Vorstand im Ausnahmefall abweichend zu vereinbarenden Beitragspflichten. Kann ein wirtschaftlich besonders starker (oder schwacher) Mieter nicht im Verhandlungsweg vom Beitritt zur Werbegemeinschaft mit der satzungsmäßig vorgesehenen Beitragspflicht überzeugt werden, ist dieser Mieter aber aus anderen Gründen wie z. B. als wichtige Ergänzung des Branchenmixes für den gesamten Standort von übergeordneter Bedeutung, muss dem Vorstand Raum zur Verhandlung einer Sondervereinbarung unter weitestgehender Wahrung der Rechte der übrigen Mitglieder bleiben. Das Abweichen vom Prinzip der Gleichbehandlung der Mitglieder im Verein ist nur bei Vorliegen wichtiger Gründe zulässig.[206] Sieht die Satzung diese Möglichkeit nicht vor, wäre eine Beitrittserklärung mit Sondervereinbarung wegen Verstoßes gegen die Satzung im Vereinsrecht unter Umständen nichtig.[207] Unterschiedliche Beitragshöhen der Mitglieder im nicht eingetragenen Verein sind bei Anwendung des Gesellschaftsrechts aber zulässig.[208] Zur Vermeidung von Rechtsunsicherheit ist deshalb eine entsprechende Regelung in der Satzung vorzusehen.

Entsprechend regelt § 7 der entwickelten Satzung die Bezugsgröße, die konkrete Beitragshöhe, die Fälligkeit der Beiträge, die Möglichkeit der Sonderumlagen und die Erhöhungsmöglichkeit innerhalb definierter, aber indexierter Grenzen bei gleichzeitigem Ausschluss einer Beitragssenkung sowie die Möglichkeit zur Vereinbarung von Abschlägen auf die Beitragspflicht durch die Vorstandsvorsitzende.

---

205 *LG Berlin*, Urt. v. 28.09.2007 – 56 S 40/07, S. 4 (n. v.).
206 Bamberger / Roth / *Schwarz / Schöpflin*, § 38, Rn. 21.
207 *LG Wiesbaden*, NJW 1975, 1033.
208 Säcker / Rixecker / *Ulmer/Schäfer*, § 706, Rn. 15 ff.

IV. Beitrittserklärung

Neben der im Mietvertrag zu verankernden Beitrittsverpflichtung muss der Mieter seinen Beitritt gegenüber der Werbegemeinschaft tatsächlich erklären. Die Beitrittserklärung muss unter Berücksichtigung des Transparenzgebotes die tatsächliche Höhe des gesamten zu zahlenden Monatsbeitrages enthalten.[209] Sie sollte Bestandteil der Mietvertragsverhandlungen sein und zeitgleich mit Unterzeichnung des Mietvertrages, jedoch separat von diesem, abgegeben werden, um spätere Unstimmigkeiten zu vermeiden. Die Separierung ist erforderlich, um die Ausdehnung der AGB-Inhaltskontrolle des Mietvertrages auch auf die Beitrittserklärung zu verhindern. Eine Bezugnahme auf den Mietvertrag in der Beitrittserklärung ist dennoch erforderlich, um die Laufzeitkopplung von Mietvertrag und Mitgliedschaft zu dokumentieren. Es empfiehlt sich folgende Formulierung:

Der Mieter hat mit dem Vermieter einen Mietvertrag über Ladenfläche im Shopping-Center XYZ geschlossen. Der Mieter erklärt hiermit den Beitritt zu der Werbegemeinschaft Shopping-Center XYZ unter gleichzeitiger Anerkennung der Satzung. Er erklärt weiter, die Mitgliedschaft während der Dauer des Mietvertrages aufrecht zu erhalten. Der aktuelle monatliche Werbebeitrag berechnet sich wie folgt:

100 m² x 2,00 Euro/m² =	*200,00 Euro*
zzgl. gesetzlicher Umsatzsteuer, derzeit 19 %	*38,00 Euro*
Werbebeitrag monatlich brutto	*238,00 Euro*

Der Werbebeitrag kann durch Beschluss der Werbegemeinschaft geändert werden. Der von der Werbegemeinschaft beschlossene Beitrag darf die Höchstgrenze von netto 4,00 Euro monatlich pro m² Mietfläche nicht überschreiten. Die Höchstgrenze für den Werbebeitrag ändert sich im selben prozentualen Verhältnis wie sich der Verbraucherpreisindex von Deutschland bezogen auf den Stand bei der letzten Satzungsänderung ändert. Sollte die Preisindexziffer nicht mehr vom Statistischen Bundesamt veröffentlicht werden, tritt an ihre Stelle der vergleichbare Preisindex des statistischen Amtes der Europäischen Gemeinschaft.

---

[209] *LG Berlin*, Urt. v. 28.09.2007 – 56 S 40/07, S. 3 (n. v.).

Die Werbegemeinschaft, vertreten durch das Center-Management als ständiges Mitglied und Vorstandsvorsitzende, nimmt die Beitrittserklärung im Anschluss an und stellt dem Mitglied den zu zahlenden Werbebeitrag in Rechnung.

V. Beitrittsverpflichtung im Mietvertrag

Die Beitrittsverpflichtung im Mietvertrag muss mit den in der Satzung entwickelten Regelungen übereinstimmen. Insbesondere muss die Höhe der Beiträge bereits in der Verpflichtungserklärung, d. h. aus der Mietvertragsklausel heraus bestimmt, wenigstens aber bestimmbar sein.[210] Auch die Obergrenze für Beitragserhöhungen muss festgesetzt werden, zumindest bestimmbar sein.[211] Dabei sollte die in der Satzung festgehaltene Obergrenze zuzüglich der bereits eingetretenen Preisindexänderung bezogen auf den Zeitpunkt der Mietvertragsunterzeichnung vereinbart werden, die wiederum indexiert wird. Auf diese Weise stimmen die in der Satzung und im Mietvertrag festgelegten Beitragsobergrenzen stets überein. Die Indexierung ist nach § 3 I Nr. 1 e) Preisklauselgesetz (PrKG) allerdings nur bei langfristigen Mietverträgen möglich, bei denen der Vermieter für mindestens 10 Jahre auf das Recht zur ordentlichen Kündigung verzichtet bzw. der Mieter das Recht hat, den Vertrag z.B. durch Ausübung von Optionsrechten auf mindestens 10 Jahre zu verlängern.[212] Bei Mietverträgen mit kürzeren Laufzeiten muss die Beitragsobergrenze im Rahmen der Verhandlungen zur Vertragsverlängerung jeweils angepasst werden.

Kautelarjuristisch zu berücksichtigen ist gerade bei Gewerbemietverträgen mit langer Laufzeit außerdem, dass aufgrund der in den vorhergehenden Kapiteln erörterten Unsicherheiten in der Rechtsprechung auch heute wirksame Beitrittsverpflichtungen zukünftig unwirksam werden könnten. Wenn die mit dem Beitritt verbundenen Mitwirkungsrechte und die Beitragspflicht gegeneinander abgewogen werden, so liegt aus Sicht der Werbegemeinschaft die Priorität auf der Beitragszahlung, die für die Zweckerreichung essentiell ist. Es muss daher zur Absicherung dieser Beitragszahlung auch für den Fall, dass der Mieter der Werbegemeinschaft nicht oder nicht wirksam beigetreten ist, vorgedacht werden. Ein konsequenter Lösungsansatz ist vor diesem Hintergrund eine Beitrittsverpflichtung verbunden mit einer direkten Zah-

---

[210] Bub / Treier / *Bub*, Kap. II, Rn. 501a.
[211] *KG Berlin*, LSK 1999, 350261.
[212] Bub / Treier / *Schultz*, Kap. III, Rn. 219.

lungsverpflichtung des Werbebeitrags an den Vermieter für den Fall, dass der Mieter nicht beitritt. Auch insofern muss die Beitrittsverpflichtung im Mietvertrag die Regelungen zur Beitragshöhe in der Satzung zwecks analoger Geltendmachung enthalten.

Bei Zahlung der Werbebeiträge an den Vermieter entsteht steuerlich die Gefahr der „Infizierung" seiner Mieteinnahmen als gewerbliche Einkünfte mit der Folge, dass Gewerbesteuer fällig würde.[213] Es ist deshalb klarzustellen, dass der Vermieter die vereinnahmten Beiträge nachweislich an die Werbegemeinschaft weiterleitet.

In der Literatur wurden vereinzelt bereits unterschiedliche Klauseln vorgeschlagen, die jedoch stets Teilaspekte unberücksichtigt ließen und selbst von den jeweiligen Autoren auch nur als „Anregung" bezeichnet wurden.[214] Zusammenfassend und unter Berücksichtigung auch der Erkenntnisse aus den vorhergehenden Kapitel empfiehlt sich deshalb die folgende umfassende Klausel mit beispielhaft verwendeten Werbebeiträgen für ein Ladengeschäft mit 100 m² Fläche:

1. *Der Mieter ist verpflichtet, der Werbegemeinschaft Shopping-Center XYZ (nachfolgend kurz: ,Werbegemeinschaft') auf Grundlage der als Anlage beigefügten Satzung beizutreten und die Mitgliedschaft während der Dauer des Mietverhältnisses aufrecht zu erhalten.*

2. *Tritt der Mieter der Werbegemeinschaft nicht bei oder tritt er der Webegemeinschaft zunächst bei und endet gleich aus welchem Rechtsgrund die Mitgliedschaft noch während der Laufzeit dieses Mietvertrages, ist er verpflichtet, an den Vermieter, oder – falls der Mieter dies wünscht – direkt an die Werbegemeinschaft bzw. deren Bevollmächtigten zusätzlich zur Miete einen Werbekostenbeitrag gemäß nachstehender Ziffern 3, 4 und 5 zu zahlen. Die Höhe entspricht dem Betrag, den der Mieter als Mitglied der Werbegemeinschaft an diese zu zahlen hätte; Entsprechendes gilt für die Fälligkeit des Betrages. Der Werbegemeinschaft wird das Recht gewährt, die sich gegenüber dem Mieter ergebenden Ansprüche im eigenen Namen und auf eigene Rechnung geltend zu*

[213] *Fritz*, NJW 2007, 887, 891.
[214] *Neuhaus*, Rn. 2233; Hannemann / Wiegener / *Borzutzki-Pasing*, § 69, Rn. 57f.

machen. Wird an den Vermieter gezahlt, führt dieser den Betrag an die Werbegemeinschaft ab und weist dies dem Mieter auf Verlangen nach.

3. *Die Höhe des Werbebeitrags bemisst sich nach der Mietfläche. Der Werbebeitrag für eine Mietfläche von 100 m² beträgt netto 2,00 Euro monatlich pro m² Mietfläche und ist fällig und zahlbar kostenfrei monatlich im Voraus jeweils bis spätestens zum dritten Werktag eines jeden Monats. Der Werbebeitrag berechnet sich demnach aktuell wie folgt:*

100 m² x 2,00 Euro/m² =	*200,00 Euro*
zzgl. gesetzlicher Umsatzsteuer, derzeit 19 %	*38,00 Euro*
Werbebeitrag monatlich brutto	*238,00 Euro*

4. *Der Werbebeitrag kann durch Beschluss der Werbegemeinschaft geändert werden. Der Mieter ist in diesem Fall verpflichtet, den von der Werbegemeinschaft geänderten Beitrag ab dem Zeitpunkt der Änderung zu zahlen, im Falle einer Erhöhung jedoch frühestens ab dem Monatsersten, nachdem er darüber in Kenntnis gesetzt wurde.*

5. *Der von der Werbegemeinschaft beschlossene Beitrag darf die Höchstgrenze von netto 4,00 Euro monatlich pro m² Mietfläche nicht überschreiten. Die Höchstgrenze ändert sich im selben prozentualen Verhältnis wie sich der Verbraucherpreisindex von Deutschland bezogen auf den Stand bei Abschluss des Mietvertrages ändert. Sollte die Preisindexziffer nicht mehr vom Statistischen Bundesamt veröffentlicht werden, tritt an ihre Stelle der vergleichbare Preisindex des statistischen Amtes der Europäischen Gemeinschaft.*

Die Beitrittsverpflichtung in Ziff. 1 wird ergänzt um eine Auffangklausel in Ziff. 2 für den Fall, dass der Mieter aus- oder gar nicht erst beitritt. Zur Gewährleistung der Transparenz wird der aktuell zahlbare Beitrag in Ziff. 3 und die Erhöhungsmöglichkeit in Ziff. 4 festgehalten. Die ebenfalls erforderliche Beitragsobergrenze einschließlich Wertsicherung wird in Ziff. 5 formuliert.

D. Gründung und Führung der Werbegemeinschaft

Das vom Vermieter beauftragte bzw. von diesem selbst erbrachte Center-Management ist für die ganzheitliche Betreibung des Shopping-Centers, d. h. für die kaufmännische, technische und infrastrukturelle Betreuung verantwortlich. Zur Kernaufgabe des Center-Managements gehören das Marketing und die Öffentlichkeitsarbeit, weshalb auch die Gründung und Führung der Werbegemeinschaft i. d. R. durch den eingesetzten Centermanager übernommen wird.[215] Er führt die Geschäfte, plant und koordiniert mit seinem Stab alle Aktivitäten der Werbegemeinschaft. Neben der fachlichen Qualifikation benötigt er dabei auch die Überzeugungskraft, die einzelnen Mieter zur aktiven Mitarbeit zu bewegen. Das gestaltet sich insbesondere bei inhabergeführten Ladengeschäften teilweise schwierig, da bei diesen mangels Vergleichsmöglichkeit und Einsicht in die betriebswirtschaftliche Notwendigkeit schnell der Eindruck eines einseitig vom Vermieter diktierten Gleichschritts entstehen kann. Von besonderer Wichtigkeit ist es deshalb, die Mieter an der Werbegemeinschaft aktiv zu beteiligen und sie von dem Nutzen für das eigene Geschäft zu überzeugen. Im Folgenden wird der Prozess der Gründung einer Werbegemeinschaft bis hin zu den jährlich stattfindenden, ordentlichen Mitgliederversammlungen unter Berücksichtigung der gewonnenen Erkenntnisse kurz skizziert.

Quelle: Eigene Darstellung

Abbildung 3: Gründung und Führung der Werbegemeinschaft

[215] *Walzel / Trabzadah*, in: Immobilienökonomie, S. 481, 511.

I. Gründungsversammlung, Wahl des Vorstandes

Für die Gründung des Vereins sind – wie bereits ausgeführt – zunächst mindestens drei Personen erforderlich.[216] Zu den Gründungsmitgliedern sollte in jedem Fall das Center-Management bzw. der Objekteigentümer als Initiator und ständiges Mitglied gehören, das in aller Regel auch die Geschäftsführung übernimmt.[217] Daneben sollten zwei engagierte Mieter aus verschiedenen Branchen, die zusammen mit dem Center-Management den ersten Vorstand bilden und zukünftig als Multiplikatoren für die Akzeptanz der Werbegemeinschaft durch die übrige Mieterschaft dienen, gewonnen werden. Bei Filialunternehmen bietet sich die Vertretung durch die jeweilige vor Ort eingesetzte Filialleitung an. Des Weiteren sollte auch der Vermieter, soweit er nicht ohnehin mit dem Center-Management identisch ist, Mitglied der Werbegemeinschaft werden.

In der Gründungsversammlung stellen die Gründungsmitglieder zunächst die Satzung fest. Direkt im Anschluss an die Gründung sollten noch in der gleichen Versammlung auch die Vorstandsmitglieder gewählt werden, um zunächst die rechtliche Handlungsfähigkeit der Werbegemeinschaft zu gewährleisten.[218] Anschließend können weitere Beschlüsse gefasst werden. Die Feststellung der Satzung und die gefassten Beschlüsse sollten aus Beweiszwecken in einem Gründungsprotokoll schriftlich festgehalten werden.[219]

Die Höhe der Beiträge ist dabei ausgehend von dem für eine konkurrenzfähige Arbeit der Werbegemeinschaft erforderlichen jährlichen Werbeetats verteilt auf die gesamte verfügbare Mietfläche des Shoppingcenters zu kalkulieren. Um die Werbegemeinschaft schnellstmöglich handlungsfähig zu machen, sollte im Rahmen einer besonderen Beitragsvereinbarung der auf die noch nicht beigetretenen Mieter entfallende Werbebeitrag vom Vermieter übernommen werden. Bei einem Shopping-Center mit einer Verkaufsfläche von 50.000 m² und einem angenommenem angestrebten Werbeetat von 1,2 Mio. Euro p. a. ergäbe sich so ein durchschnittlicher Monatsbeitrag von 2 Euro/m². In der Praxis ist aus verhandlungstaktischen Gründen die Ver-

---

[216] Bamberger / Roth / *Schwarz / Schöpflin,* § 21, Rn. 109.
[217] Lindner-Figura u. a. / *Eggersberger*, Kap. 23, Rn. 87.
[218] Beuthien / Gummert / *Knof*, § 15, Rn. 30.
[219] Beuthien / Gummert / *Knof*, § 15, Rn. 36.

einbarung einer Beitragsstaffel sinnvoll, die – analog der Tendenz der Mietpreise – für kleine Ladenflächen betragsmäßig höhere und für große Ladenflächen betragsmäßig niedrigere Beitragssätze vorsieht. Bei angenommener Gleichverteilung der Gesamtfläche der größeren bzw. kleineren Ladenflächen könnten z. B. Beiträge für Läden unter 300 m² Mietfläche mit 2,50 Euro/m² und Läden mit mindestens 300 m² Mietfläche mit 1,50 Euro/m² beschlossen werden.

Soweit in den Mietverträgen bereits vorgesehen, sind nun die übrigen Mieter über die Gründung zu informieren. Der Beitritt ist durch Übersendung einer entsprechenden Beitrittserklärung unter Verweis auf die mietvertraglich übernommene Beitrittsverpflichtung zu vollziehen.

II. Entwicklung Werbekonzept

Ein Werbekonzept für den Standort wird ggf. unter Mitwirkung einer spezialisierten Werbeagentur und unter Berücksichtigung des aufgrund der vertraglichen Vereinbarungen mit den einzelnen Mietern zur Verfügung stehenden Werbeetats federführend durch das Center-Management als Vorstandsvorsitzende zusammen mit den weiteren Vorstandsmitgliedern erarbeitet.[220] Die Bildung von Werbeausschüssen durch Mieter sollte für einzelne Aktionen oder bestimmte Themen angeregt werden, um eine möglichst breite Aufstellung und gemeinsame Unterstützung der Werbemaßnahmen durch die Gesamtheit der Mieter des Shopping-Centers zu gewährleisten. Eine allein durch das Center-Management durchgeführte Werbung ist aufgrund der dann fehlenden Akzeptanz durch die einzelnen Mietpartner abzulehnen. Das Werbekonzept wird vom Vorstand verabschiedet und mit der Einladung zur ersten Mitgliederversammlung versandt.

III. Erste ordentliche Mitgliederversammlung

Die Einladung zur Versammlung muss unter Beachtung der in der Satzung vorgesehenen Form und Frist und unter Beifügung der Tagesordnung erfolgen. Aus dieser müssen die zu beschließenden Punkte, also z. B. die Inhalte des Werbekonzepts und die Werbemaßnahmen im Einzelnen sowie ggf. von der Werbegemeinschaft abzuschließende Verträge, hinreichend genau hervorgehen, da andernfalls den Mitglie-

[220] Lindner-Figura u. a. / *Eggersberger*, Kap. 23, Rn. 87.

dern keine ausreichende Vorbereitung möglich ist mit der Folge, dass die Beschlüsse nichtig wären.[221] Die Mängel der gefassten Beschlüsse könnten allerdings ausschließlich im Wege der Feststellungsklage geltend gemacht werden, zwischen Nichtigkeit und Anfechtbarkeit differenziert der BGH unter Hinweis auf die geringere Förmlichkeit im Vereinsrecht ganz ausdrücklich und entgegen anderer Ansicht im Schrifttum nicht.[222]

Das Werbekonzept sowie die Etatplanung werden im Rahmen der ersten Mitgliederversammlung erläutert, mit den Mietern diskutiert, ggf. angepasst und durch Mehrheitsbeschluss verabschiedet.

IV. Rechnungsprüfung / neues Werbekonzept

Zur Herstellung der notwendigen Transparenz sollten aus dem Kreis der Mitglieder zwei Rechnungsprüfer auf zwei Jahre gewählt werden, die das Vertrauen der übrigen Mieterschaft genießen. Eine Wiederwahl sollte vermieden werden, einerseits um die Unabhängigkeit zu wahren und andererseits möglichst vielen Mitgliedern einen vertieften Einblick in die Tätigkeit der Werbegemeinschaft zu gewähren. Ein besseres Verständnis der anfallenden Werbekosten, aber auch der Rechtsverfolgungskosten für ausstehende Mitgliedsbeiträge, verbessert auch die Akzeptanz der Werbegemeinschaft. Nach Erstellung des Jahresabschlusses durch die geschäftsführende Vorstandsvorsitzende sind die zugrunde liegenden Belege für das Wirtschaftsjahr vollständig den beiden Rechnungsprüfern vorzulegen und von diesen im Einzelnen zu prüfen. Über das Ergebnis der Prüfung wird ein Bericht angefertigt, der die Eckdaten des Jahresabschlusses, insbesondere Einnahmen, Ausgaben und Ergebnis enthält, und von den Rechnungsprüfern unterzeichnet wird.

Die Vorstandsvorsitzende entwickelt unter Berücksichtigung der gemachten Erfahrungen zusammen mit den weiteren Vorstandsmitgliedern und unter Einbeziehung der Anregungen der Mitglieder das Werbekonzept für das folgende Kalenderjahr. Dabei ist jede geplante Werbemaßnahme im Einzelnen auf ihre Zweckmäßigkeit und ihren Beitrag zur Erreichung der in der Satzung definierten Ziele zu prüfen und zu bewerten.

---

[221] BGHR BGB § 32 Abs. 1 Beschlussmängel 1, Rn. 37 ff.

[222] BGHR BGB § 32 Abs. 1 Beschlussmängel 1, Rn. 36; *Terner*, NJW 2008, 16, 18, m. w. N.

V. Jährliche ordentliche Mitgliederversammlung

Die Werbetätigkeiten des vergangenen Kalenderjahres werden vom Vorstand inhaltlich ausgewertet und mit den Mitgliedern diskutiert. Die Rechnungsprüfer stellen ihren Bericht zu der erfolgten Belegprüfung vor. Im Anschluss stimmen die Mitglieder über die Entlastung des Vorstandes ab. Das Werbekonzept und die Etatplanung für das kommende Kalenderjahr werden vorgestellt und ebenfalls mit den Mitgliedern diskutiert. Wichtig ist, Anregungen der Mitglieder stets aufzunehmen und ernsthaft zu prüfen. Eine Beschlussfassung zu diesen Punkten ist jedoch nur zulässig, wenn diese bereits im Vorfeld rechtzeitig angekündigt und entsprechend in der mit der Einladung zur Mitgliederversammlung versandten Tagesordnung vorgesehen war.[223] Abschließend wird das Konzept zur Abstimmung gestellt und beschlossen bzw. zur Überarbeitung an den Vorstand zurückverwiesen.

Soweit die Frist der Bestellung von Vorstand und Rechnungsprüfern abgelaufen ist, sind diese neu zu bestellen. Wählbar ist dabei prinzipiell jedes Mitglied der Werbegemeinschaft, auch die Wiederwahl des alten Vorstandes/ der Rechnungsprüfer ist möglich. Dem drohenden Kontrollverlust der Mitglieder bei den komplexen Entscheidungen der hauptamtlich vom Centermanager geführten Werbegemeinschaft wird durch die Einsetzung weiterer Organe, wie z. B. eines Beirates, entgegen gewirkt.[224] Gerade kritische Mitglieder können unter diesem Aspekt von der Arbeit des Vereins überzeugt und dafür gewonnen werden.

[223] BGHR BGB § 32 Abs. 1 Beschlussmängel 1, Rn. 37 ff.
[224] Beuthien / Gummert / *Knof*, § 12, Rn. 37.

E. Rechtliche Probleme bestehender Werbegemeinschaften

Trotz der Bedeutung der Werbegemeinschaften für die Shopping-Center gab es bis vor Kurzem relativ wenig einschlägige höchstrichterliche Jurisdiktion. Die Gründe sind nicht in fehlendem Konfliktpotential zu sehen, sondern vielmehr darin, dass zwischen Kaufleuten, die mietvertraglich langfristig verbunden sind, relativ ausgeglichene Kräfteverhältnisse herrschen und aus wirtschaftlichen Überlegungen heraus außergerichtlich Vergleiche geschlossen und Präzedenzfälle vermieden werden.[225]

Die aus den in der jüngeren Vergangenheit ergangenen wesentlichen Urteilen entstandenen sowie die generellen rechtlichen Probleme für bestehende Werbegemeinschaften werden im Folgenden erörtert, Lösungsansätze werden untersucht.

I. Unwirksame Beitrittsverpflichtung

Gemäß dem bereits in Kap. C erörtertem Urteil des BGH kann die Beitrittspflicht zu einer in der Rechtsform der *GbR* geführten Werbegemeinschaft wegen des damit verbundenen *Haftungsrisikos* nicht mehr *formularvertraglich* vereinbart werden. Darüber hinaus muss – wie erwähnt – zur Wahrung der Transparenz die Höhe der Werbebeiträge bestimmbar, mindestens aber eine *Höchstgrenze* festgesetzt sein. In dem zugrunde liegenden Sachverhalt war die Werbegemeinschaft bei Mietvertragsabschluss noch nicht gegründet, es wurde deshalb um die Verpflichtung zum Beitritt, nicht etwa um ein Kündigungsrecht gestritten.[226] Dennoch ist zu prüfen, welche Auswirkung das Urteil auf die in der Rechtsform der GbR bereits bestehenden Werbegemeinschaften hat und ob z. B. ein Mitglied, das aufgrund einer unwirksamen Beitrittsverpflichtung beigetreten ist, nunmehr seinen Austritt erklären könnte. Außerdem ist über Lösungen nachzudenken, z. B. wie das Haftungsrisiko der Mitglieder wirksam eingeschränkt werden kann. Denkbar wäre auch, den Beitritt nicht mehr formularmäßig, sondern individualvertraglich zu vereinbaren. Zu prüfen ist, welche Hürden hierfür zu nehmen sind. Eine Lösung könnte aber auch darin bestehen, den Mieter nicht zum Beitritt zu verpflichten, ihn aber auf anderen Wegen an den entstehenden Kosten zu beteiligen.

---

[225] *Fritz*, Rn. 149.
[226] BGHR BGB § 307 Abs. 1 Geschäftsraummiete 1, Rn. 12.

1. Auswirkung auf Bestandsmitglieder

Fraglich ist, welche Folge dieses Urteil auf bereits bestehende Werbegemeinschaften in Form einer GbR hat, wenn die Gesellschafter aufgrund einer nun für unzulässig erklärten formularmäßigen Verpflichtung ihren Beitritt erklärt hatten.

Die aufgrund der mietvertraglichen Verpflichtung abgegebene Beitrittserklärung könnte anfechtbar sein. Voraussetzung für die Anfechtung nach §§ 119 ff. BGB ist zunächst eine Willenserklärung, ein Anfechtungsgrund, kein Ausschluss der Anfechtung (§ 144 BGB) und die Anfechtungserklärung (§ 143 BGB) innerhalb der Anfechtungsfrist (§§ 121, 124 BGB). Der Beitritt zur GbR ist grundsätzlich formfrei möglich. Ob die Erklärung durch gesonderte schriftliche Erklärung oder lediglich konkludent durch Beitragszahlung abgegeben wurde, ist daher ohne Belang. Ein Anfechtungsgrund ist ein kausaler Irrtum, also eine unbewusste Fehlvorstellung bzw. Unkenntnis.[227] Im Zeitpunkt der Beitrittserklärung war sich der Mieter jedoch darüber im Klaren, dass er einer Werbegemeinschaft in Form einer GbR beitritt, so dass schon kein Anfechtungsgrund besteht. Eine Anfechtung wegen eines Irrtums über die Allgemeinen Geschäftsbedingungen des Mietvertrages würde nur den Mietvertrag selbst betreffen und hätte keinen Einfluss auf seine gegenüber der Werbegemeinschaft abgegebene Beitrittserklärung.[228] Selbst wenn eine Anfechtung erfolgreich sein sollte, entfaltet diese jedoch, sofern nicht noch besondere Umstände hinzutreten, nach der Lehre von der fehlerhaften Gesellschaft und entgegen § 142 I BGB ihre Wirksamkeit nicht *ex tunc*[229] sondern nur *ex nunc*[230]. Die Rückabwicklung, also die Rückzahlung bereits gezahlter Werbebeiträge bzw. die Auseinandersetzung, würde daher auch in diesem Fall nicht stattfinden.[231]

Der Mieter hat jedoch aufgrund der BGH-Rechtsprechung ein außerordentliches Kündigungsrecht aus wichtigem Grund, wenn sich der Beitritt ausschließlich auf die formularmäßige Verpflichtung im Mietvertrag gestützt hat.[232] Das Kündigungsrecht

---

[227] Staudinger / *Singer*, § 119, Rn. 33f., 79f.
[228] Staudinger / *Singer*, § 119, Rn. 26f.
[229] Lat. *ex tunc*: von damals an.
[230] Lat. *ex nunc*: von nun an.
[231] Staudinger / *Singer*, § 119, Rn. 109; Beuthien / Gummert / *Knof*, § 15, Rn. 47.
[232] *BGH*, NJW 1979, 2304, 2306; BGHR BGB § 307 Abs. 1 Geschäftsraummiete 1, Rn. 13, 15.

greift im Umkehrschluss jedoch nicht, wenn der Mieter seinen Beitritt zur Werbegemeinschaft ausdrücklich auf einer gesonderten Urkunde erklärt hat.

Auch wenn aus der Satzung nicht eindeutig erkennbar ist, ob es sich vorliegend um eine GbR oder um einen nicht eingetragenen Verein handelt, besteht ein Kündigungsrecht erst, nachdem sich der Mieter erfolglos um eine Klarstellung bemüht hat.[233] Eine entsprechende Satzungsänderung, die alle GbR-Elemente entfernt und durch die eines Vereins unter besonderer Berücksichtigung der Haftungsbeschränkung ersetzt, ist also eine Möglichkeit, das Kündigungsrecht auszuschließen.

2. Lösungsansätze

a) Haftungsbeschränkung

Das bereits in Kapitel C II 1 a) a4) analysierte grundlegende Urteil des BGH vom 29.01.2001 zur Rechtsfähigkeit der (Außen-)GbR hat auch Auswirkungen auf ihre Haftung und die ihrer Gesellschafter.[234] Nach der traditionell vertretenen Gesamthandslehre war im Gegensatz zur Gruppenlehre die Gesellschaft als Rechtsträgerin nicht existent. Daraus folgte die persönliche, gesamtschuldnerische Haftung der Gesellschafter, die Verträge letztlich selbst, wenn auch vertreten durch bevollmächtigte Gesellschafter, schlossen. Nach Anerkennung der Rechtsfähigkeit der GbR ist die Frage nach der Haftung der Gesellschafter deshalb neu zu bewerten. Der BGH hat sich hier für die Akzessoritätstheorie, d. h. für die analoge Anwendung der in den §§ 128 ff. HGB verankerten Haftungsgrundsätzen der OHG bzw. der Komplementäre einer KG entschieden.[235] Nach § 128 S. 1 HGB haften die Gesellschafter für die Verbindlichkeiten der Gesellschaft als Gesamtschuldner persönlich. Eine entgegenstehende Vereinbarung ist gemäß § 128 S. 2 HGB Dritten gegenüber unwirksam. Daraus folgt, dass eine *individuelle* Vereinbarung der Gesellschaft oder eines Gesellschafters mit einem Gläubiger zur Beschränkung der Haftung wirksam ist. Möglich ist auch eine interne Vereinbarung mit dem geschäftsführenden Gesellschafter, die ihn verpflichtet, mit den Gesellschaftsgläubigern individualvertragliche Abreden zur Haftungsbeschränkung zu treffen und ihn widrigenfalls im Innenverhältnis dafür

---

[233] *BGH*, NJW 1979, 2304, 2306.
[234] BGHZ 146, 341 ff.
[235] Staudinger / *Habermeier*, Vorbem §§ 705-740, Rn. 31 ff.

haftbar macht.[236] Unwirksam bleiben jedoch die zwischen den Gesellschaftern intern vereinbarten Haftungsbeschränkungen, auch wenn sie durch einen entsprechenden Namenszusatz offenkundig (z. B. „GbR mit beschränkter Haftung") werden.[237] Offen bleibt die Frage, ob in analoger Anwendung des Handelsgesellschaftsrechts ein Haftungsausschluss durch Verwendung von AGB oder gar stillschweigend vereinbar ist.[238]

Auszugehen ist deshalb von einer im Außenverhältnis nicht allgemeingültig auf das Gesellschaftsvermögen einzuschränkenden Haftung und damit von einem erheblichen persönlichen Haftungsrisiko für den einzelnen Gesellschafter. Unter diesem Aspekt bleibt die formularmäßige Beitrittsverpflichtung also unwirksam.

b) Individualvertragliche Vereinbarung

Wenn der BGH in seinem Urteil den formularvertraglichen Beitritt für unwirksam hält, ist im Umkehrschluss jedenfalls bei individueller Vereinbarung eine Beitrittsverpflichtung möglich. Dem Vorliegen einer Individualabrede sind jedoch durch die ausführliche AGB-Rechtsprechung enge Grenzen gesetzt.[239] So hat der BGH festgestellt, dass die Form der Klausel unerheblich ist und eine Formularklausel insbesondere keine Schriftform voraussetzt.[240] Schon wenn die Klausel nur aus dem Gedächtnis in den Vertragstext übernommen wird, handele es sich um AGB.[241] Eine Individualvereinbarung zur Beitrittsverpflichtung ist deshalb kein erfolgversprechender Lösungsansatz.

Es könnte jedoch – ohne, dass das im Mietvertrag Erwähnung findet – der Mieter im Verhandlungsweg von der Notwendigkeit einer Werbegemeinschaft überzeugt und sein Beitritt in einer gesonderten Urkunde erklärt werden. In diesem Fall braucht sich die Werbegemeinschaft nicht auf eine mietvertragliche Beitrittsverpflichtung zu berufen. Der Beitritt selbst unterliegt dann Gesellschaftsrecht, die Inhaltskontrolle der §§ 305 ff. BGB ist dann gemäß § 310 IV BGB nicht anwendbar.[242] Es ist nicht er-

---

[236] Staudinger / *Habermeier*, Vorbem §§ 705-740, Rn. 36 f.
[237] BGHZ 142, 315.
[238] Staudinger / *Habermeier*, Vorbem §§ 705-740, Rn. 38.
[239] Bamberger / Roth / *Becker*, § 305 Rn. 16 ff.
[240] BGHZ 141, 108, 110.
[241] BGHR AGBG § 1 Abs. 1 Satz 1 Vorformulierung 1.
[242] *Lindner-Figura*, NZM 1999, 738.

sichtlich, warum eine solche Beitrittserklärung nicht auch mit einem Bestandsmieter getroffen werden kann. Soweit der Mieter überzeugt werden kann, besteht hier eine wirksame Lösungsmöglichkeit.

c) Kostenbeteiligung ohne Mitgliedschaft

Weil der Beitritt zu einer Werbegemeinschaft in Form einer GbR nicht formularvertraglich möglich ist, könnte der Beitritt dem Mieter freigestellt werden und nur für den Fall, dass er nicht beitritt, eine mietvertragliche Zahlungsverpflichtung neben der Miete vereinbart werden. *Neuhaus* schlägt hierzu folgende Formulierung vor:

„Dem Mieter steht es frei, der Werbegemeinschaft beizutreten. Tritt er dieser aber nicht bei, ist er verpflichtet, an den Vermieter, oder – falls der Mieter dies wünscht – direkt an die Werbegemeinschaft bzw. deren Bevollmächtigten zusätzlich zur Miete einen zweckgebundenen Werbekostenbeitrag zu zahlen. Die Höhe entspricht dem Betrag, den der Mieter als Mitglied der Werbegemeinschaft an diese zu zahlen hätte; Entsprechendes gilt für die Fälligkeit des Betrages. Wird an den Vermieter gezahlt, führt dieser den Betrag an die Werbegemeinschaft ab und weist dies dem Mieter auf Verlangen nach."[243]

Ergänzt werden müsste in dieser Formulierung allerdings noch die Festlegung zur Höhe der Beiträge, entweder als absolute Obergrenze oder als prozentual an der Grundmiete bemessene Grenze.[244]

Ein weiterer Lösungsansatz könnte darin bestehen, dass mietvertraglich für den Fall, dass der Mieter der Werbegemeinschaft nicht beitritt, eine Vertragsstrafe in Höhe der Werbebeiträge vereinbart wird, die der Vermieter an die Werbegemeinschaft weiterzuleiten hat.[245] Die Vertragsstrafe ist in diesem Fall durch die Höhe der Werbebeiträge begrenzt und damit bestimmbar, auch steht sie nicht in einem unvernünftigen Verhältnis zum möglichen Schaden[246] und sollte damit wirksam vereinbar sein.[247]

---

[243] *Neuhaus*, Rn. 2233.
[244] BGHR BGB § 307 Abs. 1 Geschäftsraummiete 1, Rn. 15.
[245] *Wolf u. a.*, Rn. 745.
[246] BGHZ 85, 305 ff.
[247] Lindner-Figura u. a. / *Eggersberger*, Kap. 23, Rn. 82.

Durch die Auferlegung der Kosten würde zwar die ebenfalls wichtige inhaltliche Beteiligung der Mieter aufgegeben, aber der Etat der Werbegemeinschaft gesichert.

d) Umwandlung der Gesellschaft

Eine Auflösung der GbR mit anschließender Neugründung in einer geeigneten Rechtsform ist regelmäßig nicht praktikabel, da sich in diesem Fall nicht mehr alle Bestandsmieter eines Shopping-Centers zum Beitritt bewegen lassen werden. Aus der einmal übernommenen unwirksamen Verpflichtung zum Beitritt zur GbR-Werbegemeinschaft kann regelmäßig keine Verpflichtung zum Beitritt zu einer neu zu gründenden Werbegemeinschaft abgeleitet werden, soweit nicht speziell dieser Fall bereits vorgesehen war. Möglicherweise könnte aber die GbR in eine haftungsbeschränkte Rechtsform umgewandelt werden.

Die Umwandlung einer GbR in eine andere Rechtsform, z. B. in eine GmbH, ist nach der abschließenden Auflistung der möglichen formwechselnden Rechtsträger in § 191 I des UmwG derzeit nicht vorgesehen. Möglich ist jedoch, die Umwandlung über den Umweg der Eintragung der GbR als OHG nach § 105 II HGB und die anschließende Umwandlung dieser Personenhandelsgesellschaft gemäß §§ 191 I Nr. 1, 191 II Nr. 3 UmwG in eine Kapitalgesellschaft, z. B. die bereits beleuchtete GmbH.[248] Dieser Weg bedingt die Mitwirkung aller Gesellschafter. An der wirtschaftlichen Kontinuität, insbesondere der Identität der Anteilsinhaber, der Anteilsverhältnisse und des Vermögensbestandes ändert sich durch den Rechtsformwechsel nichts.[249] Voraussetzung für die Umwandlung in die GmbH ist darüber hinaus nach § 220 UmwG ein Reinvermögen in Höhe des Nennkapitals der Gesellschaft, im Falle einer GmbH also in Höhe von mindestens 25.000 Euro.[250] Hier stellt sich die Frage nach der zutreffenden Bewertung der vorhandenen Vermögensgegenstände, die sich bei bereits bestehenden Werbegemeinschaften in Form von über die Jahre angeschafften aufwändigen Weihnachtsdekorationen, Bühnenelementen, Licht- und Tontechnik usw. durchaus in dieser Größenordnung bewegen und insofern das der Rechtsform als GmbH bei Neugründung entgegenstehende Problem des fehlenden Stammkapitals lösen könnten.

---

[248] *Priester*, DStR 2005, 788, 789.
[249] Priester / Mayer / *Riemenschneider / Mayer*, § 73, Rn. 316ff.
[250] *Priester*, DStR 2005, 788, 793.

Die Anforderungen und Probleme des Umwandlungsrechts sind jedoch ein Spezialgebiet, das hier aufgrund des erheblichen Umfanges nicht näher beleuchtet werden soll. Eine konkrete Prüfung dieser Möglichkeit hängt von zahlreichen im Einzelfall unterschiedlichen Faktoren ab, insbesondere der vorhandenen Regelungen im Gesellschaftsvertrag der Werbegemeinschaft hinsichtlich der Abstimmung über eine Umwandlung und der Stimmrechtsverhältnisse. Zu berücksichtigen wären dabei auch die nach § 224 UmwG vorgesehene Fortdauer und zeitliche Begrenzung der persönlichen Haftung der Gesellschafter.[251] Im Allgemeinen werden deshalb und wegen vieler praktischer Probleme aufgrund der großen Anzahl der beteiligten Gesellschafter die Nachteile die Vorteile einer Umwandlung überwiegen. Eine Empfehlung für diesen Weg kann daher grundsätzlich nicht ausgesprochen werden.

3. Ergebnis

Für die GbR-Werbegemeinschaft mit aus formularmäßiger Mietvertragsbestimmung beigetretenen Gesellschaftern besteht hohe Unsicherheit aufgrund der resultierenden Sonderkündigungsrechte der Gesellschafter. Die Ausübung der Kündigungsrechte der Gesellschafter und in Folge die Auflösung der Werbegemeinschaft ist letztlich nur eine Frage der Zeit. Dieser Unsicherheit muss proaktiv begegnet werden. Die Gesellschafter sollten – wenn nicht bereits geschehen – dringend veranlasst werden, gesonderte Beitrittserklärungen zu unterzeichnen, um die Gesellschafterstellung und den Fortbestand der Werbegemeinschaft zu sichern. Soweit der Gesellschaftsvertrag keine klare Zuordnung zu einer GbR erkennen lässt, sollte dieser durch entsprechenden Gesellschafterbeschluss auf die Satzung eines nicht eingetragenen Vereins umgestellt werden.

Alternativ ist neuen Mietern zum einen die Verpflichtung aufzuerlegen, der noch zu gründenden neuen Werbegemeinschaft in Form eines nicht eingetragenen Vereins beizutreten und bis dahin nach ihrer Wahl bereits in die bestehende Gesellschaft einzutreten oder lediglich ohne Beitritt Beiträge zu leisten. Sobald im Zuge von Neuvermietungen bzw. Neuverhandlung mit Bestandsmietern eine kritische Masse gebunden werden konnte, ist die GbR-Werbegemeinschaft zu beenden und in Form eines nicht eingetragenen Vereins neu zu gründen. Die kritische Masse ist erreicht,

---

[251] Priester / Mayer / *Mayer*, § 73, Rn. 364.

wenn aufgrund der Verpflichtungserklärungen ein Werbebudget abgerufen werden könnte, das die Fortführung der Tätigkeiten der Werbegemeinschaft gewährleistet.

II. Kündigung der Mitgliedschaft

Die Werbegemeinschaft wird insbesondere, wenn die eigenen Umsatzerwartungen verfehlt werden, vom einzelnen Mieter gedanklich zum reinen Kostenfaktor degradiert. Das ist zwar – wie bereits in der Einleitung erörtert – zu kurz gegriffen, führt aber dennoch zu Anstrengungen, sich aus der Werbegemeinschaft lösen zu wollen oder entgegen der übernommenen Verpflichtung gar nicht erst einzutreten. Nachdem Verhandlung und Rhetorik gescheitert sind, müssen Beitrittspflicht und Beitragszahlung durch die Werbegemeinschaft klageweise geltend gemacht werden. Dabei sind die Risiken einer solchen Klage im konkreten Einzelfall auszuloten und vorab zu beurteilen. Ein verlorener Prozess könnte Signalwirkung für die übrigen Mitglieder entwickeln, weshalb eine Einigung mit Abstrichen im Zweifel die bessere Alternative sein könnte. Im Folgenden soll eine Übersicht über mögliche Ansätze eines Mitglieds zur Vermeidung seiner Zahlungsverpflichtung sowie die treffende Reaktion bzw. die einschlägige Rechtsprechung hierzu dargestellt werden.

1. Klagebefugnis der Werbegemeinschaft

Das Mitglied könnte einwenden, dass die Werbegemeinschaft nicht klagebefugt sei. Wurde die Aktivlegitimation zumindest für nichtrechtsfähige Vereine auch in jüngerer Zeit trotz bereits überwiegender Bejahung in der Literatur und höchstrichterlicher Klarstellung[252] von der Rechtsprechung mit dem Argument der unzulässigen Rechtsfortbildung *contra legem* teilweise verneint[253], so ergab sich aus der Neufassung des § 50 II ZPO, in Kraft getreten am 24.09.2009, die notwendige Rechtssicherheit.[254] An der Aktiv- und Passivlegitimation der (Außen-)GbR besteht nach der bereits erörterten einschlägigen BGH-Rechtsprechung ebenfalls kein Zweifel mehr.[255] Die Klagebefugnis des eingetragenen Vereins und der GmbH bzw. UG sind ohnehin unproblematisch.

---

[252] BGHR ZPO § 50 Abs. 2 Aktive Parteifähigkeit 1, Rn. 55.
[253] *AG Berlin-Hohenschönhausen*, Urt. v. 7.2.2007 – 9 C 176/06, S. 3 f. (n. v.).
[254] Gesetz zur Erleichterung elektronischer Anmeldungen zum Vereinsregister und anderer vereinsrechtlicher Änderungen, BGBl. I 2009, 3145, 3147.
[255] BGHZ 146, 341.

2. Mängel der Beitrittsverpflichtung/ Beitrittserklärung

Das Mitglied könnte argumentieren, die im Mietvertrag verankerte Beitrittsverpflichtung sei unwirksam gewesen, weil sie gegen § 307 I S. 1 oder S. 2 BGB verstoße.[256]

Selbst wenn keine gesonderte Beitrittserklärung vorliegt, ist schon aufgrund der höchstrichterlich anerkannten Haftungsbeschränkung auch des nichtrechtsfähigen Idealvereins keine unangemessene Benachteiligung nach § 307 I S. 1 BGB anzunehmen.[257] Soweit das Mitglied aufgrund einer gesonderten Beitrittserklärung, die zwar zeitgleich, aber eben getrennt vom Mietvertrag unterzeichnet wurde, beigetreten ist, ist eine Unwirksamkeit der Mietvertragsklausel generell unerheblich. Durch den gesondert erklärten Beitritt ist in diesem Fall eine vertragliche Bindung unabhängig von der unwirksamen Mietvertragsklausel zustande gekommen.[258] Es könnte jedoch, wenn auch die Beitrittserklärung selbst der AGB-Inhaltskontrolle unterliegt, ein Verstoß gegen das Transparenzgebot nach § 307 I S. 2 BGB vorliegen. Entscheidend ist deshalb, dass der zu zahlende Werbebeitrag ausreichend bestimmbar aus der Beitrittserklärung hervorgeht.[259] Ist das allerdings nicht der Fall und sind daher die Kosten nicht kalkulierbar, besteht tatsächlich keine Zahlungsverpflichtung des Mitgliedes.[260] Eine nachträgliche Annahmeerklärung unter Berechnung der Werbebeiträge durch die Werbegemeinschaft heilt die fehlende Vereinbarung in der Beitrittserklärung nicht.[261] Eventuell kann hier aber durch entsprechende Verhandlungsprotokolle oder Schriftwechsel belegt werden, dass bereits im Vorfeld des Mietvertragsabschlusses auf die Höhe der Werbebeiträge hingewiesen wurde und diese nach dem gemeinsamen Verständnis auch Vertragsbestandteil werden sollten.

Wurde keine gesonderte Beitrittserklärung unterzeichnet und hat der Mieter auf die Rechnung der Werbegemeinschaft hin aber bereits Mitgliedsbeiträge geleistet, kann zunächst von einem wirksamen Beitritt ausgegangen werden, weil der Beitritt grundsätzlich formfrei möglich ist.[262] Auch in diesem Fall könnte allerdings das Mitglied

---

[256] BGHR BGB § 307 Abs. 1 Geschäftsraummiete 1, Rn. 14 f.
[257] *Schöpflin*, S. 445.
[258] *LG Berlin*, Urt. v. 22.06.2007 – 56 S 28/07, S. 3 (n. v.).
[259] *LG Berlin*, Urt. v. 22.06.2007 – 56 S 28/07, S. 3 (n. v.).
[260] BGHR BGB § 307 Abs. 1 Geschäftsraummiete 1, Rn. 14f.
[261] *LG Berlin*, Urt. v. 28.09.2007 – 56 S 40/07, S. 3 f. (n. v.).
[262] BayOblGZ 1972, 114; Bamberger / Roth / *Schwarz / Schöpflin* § 58, Rn. 3.

mangels transparenter Bestimmung des fälligen Werbebeitrags in der (formlosen) Beitrittserklärung ein sofortiges Austrittsrecht aus wichtigem Grund geltend machen.

Mängel des Beitritts zum Verein führen analog zu den Grundsätzen der fehlerhaften Gesellschaft bis auf wenige Ausnahmen nur zu einem für die Zukunft auszuübenden Austrittsrecht.[263] Ein Anspruch auf Rückerstattung der geleisteten Beiträge nach den Grundsätzen der ungerechtfertigten Bereicherung besteht aber auch nicht bei von Anfang an unwirksamem Beitritt, zumal auch die andererseits vom Verein geleisteten Dienstleistungen kaum bezifferbar wären.[264]

3. Ordentliche Kündigung

Handelt es sich bei der Werbegemeinschaft um einen e. V., kann das ordentliche Kündigungsrecht gemäß § 39 BGB nicht wirksam ausgeschlossen werden. Diese Norm ist im Vereinsrecht nicht abdingbar (§ 40 BGB) und darf auch nicht erschwert werden.[265] Das Mitglied hat in diesem Fall also tatsächlich ein Kündigungsrecht. Dem kann, soweit die Rechtsform der Werbegemeinschaft beibehalten werden soll, nur durch die im Kapitel C III 2 vorgeschlagene Auffangklausel im Mietvertrag begegnet werden, nach der der Mieter für den Fall des Austritts den entsprechenden Beitrag aus dem Mietvertrag heraus zu entrichten hat.

Bei einem nichtrechtsfähigen Verein verdrängt § 723 BGB i. V. m. § 54 I BGB das ordentliche Kündigungsrecht.[266] Diese Werbegemeinschaft stellt aufgrund des geschlossenen Mitgliederkreises, des gemeinschaftlichen wirtschaftlichen Interesses und der Dauer des Miteinanders eher einen gesellschaftsähnlichen Verbund dar, ist ergo eine Mischform zwischen Verein und GbR mit entsprechend aus beiden Bereichen anwendbaren Normen. Der Ausschluss des Kündigungsrechts ist demnach für einen befristeten Zeitraum zulässig.[267] Die Befristung ergibt sich aus der Kopplung an den befristeten Mietvertrag. Eine Kopplung an einen unbefristeten Mietvertrag ist nicht möglich.

---

263 *Schöpflin*, S. 227 f.; Säcker / Rixecker / *Reuter*, § 22, Rn. 65.
264 *LG Wiesbaden*, NJW 1975, 1033; *Walter*, NJW 1975, 1033, 1034.
265 Staudinger / *Weick*, § 39, Rn. 3.
266 *LG Berlin*, Urt. v. 22.06.2007 – 56 S 28/07, S. 3 f. (n. v.).
267 *BGH*, NJW 1979, 2304, 2305.

4. Außerordentliche Kündigung

Als Grund für eine außerordentliche Kündigung der Mitgliedschaft könnten mit Blick auf das BGH-Urteil zur GbR-Werbegemeinschaft wiederum die bereits erörterten und zumindest für die GbR tatsächlich nicht zu widerlegenden *unzumutbaren Haftungsrisiken* angeführt werden.[268] Für den e. V. oder den nicht eingetragenen Verein, bei dem nur der Verein selbst, allenfalls noch der Handelnde haftet, greift dieser Grund nicht durch und kann wie bereits erörtert entkräftet werden.[269]

Soweit die *Vorstandsvorsitzende keine Werbebeiträge* leistet, könnte darin ein Verstoß gegen den Gleichbehandlungsgrundsatz und daraus resultierend für das benachteiligte Mitglied ein außerordentliches Kündigungsrecht argumentiert werden. In der GbR ist zwar der in § 706 I gesetzlich geregelte Grundfall die gleiche Beitragszahlung durch alle Gesellschafter. Diese kann jedoch gesellschaftsvertraglich abweichend bis hin zur Beitragsfreiheit geregelt werden.[270] Auch im Verein kann die Beitragspflicht in der Satzung weitgehend frei geregelt werden. Als Beitrag zählt dabei auch Dienstleistung, also auch die durch die Vorstandsvorsitzende erbrachte Geschäftsführung.[271] Insofern besteht hier kein wichtiger Kündigungsgrund.[272]

Wenn das Mitglied *fehlende Mitspracherechte* moniert und als Kündigungsgrund anführen will, kann auf die Protokolle der Mitgliederversammlungen und die dort zur Abstimmung gestellten Fragen, insbesondere die Entlastung des Vorstandes und den Beschluss des Werbeetats verwiesen werden. In jedem Fall sind die Rechte der Mitglieder des Vereins auf Auskünfte durch die Vorstandsvorsitzende, Teilnahme an der Mitgliederversammlung etc. zu berücksichtigen.[273] Auch in der GbR, in der grundsätzlich alle Gesellschafter zur gemeinschaftlichen Geschäftsführung berechtigt sind (§ 709 I BGB), hat der Gesellschafter ein nicht abdingbares Auskunftsrecht (§ 716 I BGB). Der Gesellschaftsvertrag kann jedoch die Geschäftsführungsbefugnisse weit-

[268] BGHR BGB § 307 Abs. 1 Geschäftsraummiete 1, Rn. 13.
[269] Staudinger / *Weick*, § 54, Rn. 59.
[270] Jauernig / Stürner, § 706 Rn. 9.
[271] Bamberger / Roth / *Schwarz / Schöpflin*, § 38, Rn. 25.
[272] *LG Berlin*, Urt. v. 22.06.2007 – 56 S 28/07, S. 5 (n. v.).
[273] Bamberger / Roth / *Schwarz / Schöpflin*, § 38, Rn. 19.

gehend auf Dritte übertragen.[274] Die mögliche Mitbestimmung ist mit dem Protokoll der Mitgliederversammlung ausreichend dokumentiert.[275]

Enttäuschte Umsatzerwartungen, die schon im Mietrecht der Risikosphäre des Mieters zugeordnet werden und daher regelmäßig weder zu Ansprüchen noch zu einem Kündigungsrecht führen,[276] bzw. angeblich *fehlender Nutzen* der Werbegemeinschaft für den Mieter stellen ebenfalls keinen wichtigen Grund für die außerordentliche Kündigung der Mitgliedschaft in der Werbegemeinschaft dar.[277]

III. Stimmrechtsverteilung

Die Stimmrechtsverteilung nach dem Verhältnis der Mietflächen wird zumindest bei Vereinbarung im Mietvertrag, also wenn der Beitritt noch nicht erfolgt ist, als unwirksam bewertet. Der einzelne Mieter weiß in diesem Fall nicht sicher, welche Mietflächen überhaupt gemeint sind. Auch könnten zahlreiche Mieter kleiner Läden von einem Großmieter, der möglicherweise mehr als die Hälfte der relevanten Fläche gemietet hat, dominiert werden und insofern unzulässig benachteiligt sein.[278] Der Großmieter könnte beispielsweise eine bei steigender Mietfläche sinkende Beitragsstaffel beschließen.

Die Stimmrechtsverteilung in der Werbegemeinschaft könnte abweichend davon auch nach dem Kopfprinzip oder aber an der Leistung der Beiträge orientiert werden. Bei Verteilung nach dem Kopfprinzip hat jedes Mitglied, d. h. jeder Mieter eine Stimme und ist mithin in der Abstimmung gleichberechtigt. Das führt jedoch in der Praxis zu der nur schwer zu vermittelnden Konsequenz, dass ein großflächiger Ankermieter mit vermutlich deutlich höherer Beitragsleistung nicht mehr Einfluss ausüben kann als der Betreiber eines kleinen Verkaufsstandes. Zu bevorzugen ist daher die Stimmrechtsverteilung nach geleistetem Werbebeitrag, durch die demjenigen Mitglied größeres Gewicht verliehen wird, das auch den größeren wirtschaftlichen Beitrag leistet. Eine Benachteiligung einzelner Mieter ist dann ausgeschlossen, weil Beschlüsse über die Beitragshöhe stets für und gegen die Abstimmenden wirken.

---

[274] Jauernig / *Stürner*, Anmerkungen zu den §§ 709-713, Rn. 4f.
[275] *LG Berlin*, Urt. v. 22.06.2007 – 56 S 28/07, S. 5 (n. v.).
[276] *LG Wiesbaden*, IMR 2009, 391; *Joachim*, NZM 2000, 785, 793 f.; *Wenske*, IMR 2009, 391.
[277] *LG Berlin*, Urt. v. 22.06.2007 – 56 S 28/07, S. 3 f. (n. v.).
[278] *LG Erfurt*, NZM 1999, 763, 764.

F. Zusammenfassung und Ausblick

Nach der Einführung in die Entstehung und Entwicklung der Shoppingcenter sowie deren rechtliche Verankerung wurden ausgehend von der wirtschaftlichen Situation die Notwendigkeit des aktiven Center-Managements und die Werbegemeinschaft als ein Instrument des Standortmarketings dargestellt. Die zu berücksichtigenden Regelungsaspekte der Werbegemeinschaften wurden entwickelt, die einzelnen Rechtsformen ausführlich dahingehend analysiert und *ergo* der *nicht eingetragene Verein* als am besten geeignet ermittelt. Die besonderen gesellschaftsvertraglichen Regelungen wurden dargestellt, eine entsprechende Mustersatzung als Anhang beigefügt und der Gründungsprozess durchlaufen. Auf die bestehenden und denkbaren Probleme von Werbegemeinschaften auch anderer Rechtsformen wurde in einem gesonderten Kapitel eingegangen, ohne dass dabei ein Anspruch auf vollständige Darstellung jeder individuellen Konstellation erhoben werden kann. Die Überlegungen und Schlussfolgerungen berücksichtigen den aktuellen Stand der Rechtsprechung.

Wichtig ist jedoch – neben der rein rechtlichen Betrachtung – die in der vorliegenden Untersuchung nicht schwerpunktmäßig behandelte betriebswirtschaftlich transparente und professionelle Führung der Werbegemeinschaft durch das Center-Management zur gemeinsamen Zielerreichung. Die Mitglieder dürfen nicht nur rechtlich wirksam verpflichtet sein, sondern müssen vor allem auch überzeugt und bereits in der Planungsphase, den Entscheidungsprozessen und in der Umsetzung von Werbemaßnahmen eingebunden werden. Nur so kann auch mit vergleichsweise geringem Aufwand durch Nutzung nicht nur der finanziellen, sondern auch der derivativen Ressourcen der Mietpartner effizientes Standortmarketing betrieben werden. Die überzeugende Darstellung und erfolgreiche Arbeit der Werbegemeinschaft erzeugt eine Win-win-Situation und verhindert Konflikte mit den Mitgliedern im Keim. Die Betrachtung der Werbegemeinschaft als reine Profit-Maximierungs-Maschine des Vermieters ist überholt, führt zur Ablehnung durch die Mieter und wirkt dadurch kontraproduktiv.

Die unter Berücksichtigung der rechtlichen Aspekte gegründete und in echter Zusammenarbeit mit allen Beteiligten durch das Center-Management aktiv geführte

Werbegemeinschaft ist die notwendige Voraussetzung für den dauerhaften Erfolg des Shopping-Centers.

Neue Beurteilungen im Zuge der voranschreitenden rechtlichen Durchdringung von Vorgängen in Shopping-Centern, aber auch Änderungen hinsichtlich der Einordnung der Werbegemeinschaft als wirtschaftlicher oder nichtwirtschaftlicher Verein oder die Neubewertung von Haftungsfragen sind jedoch nicht auszuschließen. Einen Vertrauensschutz für Verwender von zum Zeitpunkt des jeweiligen Vertragsabschlusses wirksamen Formularverträgen gibt es nicht.[279] Mögliche Fälle wurden aber soweit denkbar durch eine Auffangklausel in der Beitrittsverpflichtung berücksichtigt. Insgesamt deuten sowohl die analysierte Rechtsprechung (aktive Parteifähigkeit Verein, Haftungsbeschränkung auf Vereinsvermögen) als auch die betrachtete Gesetzgebung (Änderung § 50 II ZPO, Einfügung § 31a BGB, Gesetzesinitiative Baden-Württemberg zur Modernisierung des Vereinsrechts) in Richtung einer zunehmenden Anerkennung des nichtrechtsfähigen Vereins als Rechtsträger. Die Entwicklung in diesen Punkten ist deshalb aufmerksam zu beobachten und durch entsprechende Anpassungen der vertraglichen Bestimmungen zu berücksichtigen.

[279] BGHR 2006, 304; *Fritz*, NJW 2007, 887.

Literaturverzeichnis

Backhaus, Peter	Der nicht eingetragene Verein im Rechtsverkehr: Ein Beitrag zur Rechtssubjektlehre im Zivilrecht und im Verfahrensrecht, Diss. iuris, Osnabrück 2001
Bamberger, Heinz Georg / Roth, Herbert (Hrsg.)	Kommentar zum Bürgerlichen Gesetzbuch, Bd. 1, 2. Aufl., München 2007, zit.: Bamberger / Roth / *Bearbeiter*
Baumbach, Adolf (Begr.) / Hueck, Alfred (Hrsg.)	GmbH-Gesetz, 19. Aufl., München 2010, zit.: Baumbach / Hueck / *Bearbeiter*
Baumbach, Adolf (Begr.) / Lauterbach, Wolfgang / Albers, Jan / Hartmann, Peter	Zivilprozessordnung mit Gerichtsverfassungsgesetz und anderen Nebengesetzen, 65. Aufl., München 2007
Beuthien, Volker / Gummert, Hans (Hrsg.)	Münchener Handbuch des Gesellschaftsrechts, Band 5, Verein, Stiftung bürgerlichen Rechts, 3. Aufl., München 2009, zit.: Beuthien / Gummert / *Bearbeiter*
Bub, Wolf-Rüdiger/ Treier, Gerhard (Hrsg.)	Handbuch der Geschäfts- und Wohnraummiete, 3. Aufl., München 1999, zit.: Bub / Treier / *Bearbeiter*
Büchel, Helmut / Von Rechenberg, Wolf-Georg	Handbuch des Fachanwalts Handels- und Gesellschaftsrecht, Köln 2008, zit.: Büchel / v. Rechenberg / *Bearbeiter*
Bunnemann, Jan / Zirngibl, Nikolas	Auswirkungen des MoMiG auf bestehende GmbHs, München 2008, zit.: Bunnemann / Zirngibl / *Bearbeiter*
Dauner-Lieb, Barbara	Ein neues Fundament für die BGB-Gesellschaft, in: DStR 2001, 356-361

Drasdo, Michael	Center-Management in der Immobilienverwaltung, in: NJW-Spezial 2006, 289-290
Erman, Walter (Begr.)	Bürgerliches Gesetzbuch Handkommentar, 11. Aufl., Köln 2004, zit.: Erman / *Bearbeiter*
Flume, Werner	Gesellschaft und Gesamthand, in: ZHR 1972, 177-207
Falk, Bernd	Shopping-Center – Grundlagen, Stand und Entwicklungsperspektiven, in: Falk, Bernd (Hrsg.), Das große Handbuch Shopping-Center, Landsberg / Lech 1998
Falk, Bernd / Falk, Momme Torsten (Hrsg.)	Handbuch Gewerbe- und Spezialimmobilien, Köln 2006
Fritz, Jürgen	Gewerberaummietrecht, 4. Aufl., München 2005
Ders.	Die Entwicklung des Gewerberaummietrechts im Jahr 2006, in: NJW 2007, 887-891
Hannemann, Thomas Wiegener, Michael (Hrsg.)	Münchener Anwaltshandbuch Mietrecht, 3. Aufl., München 2010, zit.: Hannemann / Wiegener / *Bearbeiter*
Hau, Wolfgang	BGH: Beitritts- und Beitragspflicht des Geschäftsraummieters zur Werbegemeinschaft, in: LMK Anmerkungen, LMK 2006, 196761
Hirth, Günther	Betriebsvergleich Werbegemeinschaften in Niedersachsen 2008, Stade u. a. 2008
Jauernig, Othmar (Hrsg.)	Bürgerliches Gesetzbuch mit Allgemeinem Gleichbehandlungsgesetz, 13. Aufl., München 2009, zit.: Jauernig / *Bearbeiter*

Joachim, Willi E.	Wirklichkeit und Recht des Shopping-Centers bzw. Einkaufszentrums- die Sicht des Projektentwicklers, Betreibers, Center-Managers und Gewerberaummieters, in: NZM 2000, 785-799
Ders.	Anmerkung zu BGH, Urt. v. 12.7.2006 – XII ZR 39/04, NJW 2006, 3058-3059
Kappus, Andreas	Unwirksamkeit eines formularmäßigen Beitritts zur Werbegemeinschaft, in: NJW-Spezial 2007, 5-6
Kempfler, Herbert	Nicht rechtsfähige Vereine aktiv parteifähig?, in: NZG 2002, 411-415
Knieps, Günter	Wettbewerbsökonomie: Regulierungstheorie, Industrieökonomie, Wettbewerbspolitik, 2. Aufl., Berlin u. a. 2005
Kopf, Hannes	Anmerkung zu OVG Schleswig-Holstein, Urt. v. 19.10.2000 – 5 A 1098/99, IBR 2004, 1150
Kraemer, Hans Jörg	Die Gesellschaft bürgerlichen Rechts als Partei gewerblicher Mietverträge, in: NZM 2002, 465-473
Lindner-Figura, Jan	Die Werbegemeinschaft in Einkaufszentren, in: NZM 1999, 738-740
Lindner-Figura, Jan / Oprée, Frank / Stellmann, Frank (Hrsg.)	Geschäftsraummiete, 2. Aufl., München 2008, zit.: Lindner-Figura u. a. / *Bearbeiter*
Neuhaus, Kai-Jochen	Handbuch der Geschäftsraummiete, 3. Aufl., Münster 2008

Olson, Mancur	Die Logik des kollektiven Handelns: Kollektivgüter und die Theorie der Gruppen, 4. Aufl., Tübingen 1998
Palandt, Otto (Begr.)	Bürgerliches Gesetzbuch, 68. Aufl., München 2009, zit.: Palandt / *Bearbeiter*
Priester, Hans-Joachim	Personengesellschaften im Umwandlungsrecht – Praxis-relevante Fragen und offene Posten, in: DStR 2005, 788-794
Priester, Hans-Joachim / Mayer, Dieter (Hrsg.)	Münchener Handbuch des Gesellschaftsrechts, Band 3, Gesellschaft mit beschränkter Haftung, 3. Aufl., München 2009, zit.: Priester / Mayer / *Bearbeiter*
Prütting, Hans / Wegen, Gerhard / Weinreich, Gerd (Hrsg.)	BGB Kommentar, 4. Aufl., Köln 2009, zit.: Prütting u. a. / *Bearbeiter*
Reuter, Dieter	Persönliche Haftung für Schulden des nichtrechtsfähigen Idealvereins, in: NZG 2004, 217-220
Saenger, Ingo / Aderhold, Lutz / Lenkaitis, Karlheinz / Speckmann, Gerhard (Hrsg.)	Handels- und Gesellschaftsrecht, Münster u. a. 2007, zit.: Saenger u. a. / *Bearbeiter*
Sauter, Eugen (Begr.) / Schweyer, Gerhard / Waldner, Wolfram	Der eingetragene Verein, 18. Aufl., München 2006
Säcker, Franz Jürgen / Rixecker, Roland (Hrsg.)	Münchener Kommentar zum Bürgerlichen Gesetzbuch, Band 1, Band 5, 5. Aufl., München 2009, zit.: Säcker / Rixecker / *Bearbeiter*

Schmid, Michael	Anmerkung zu BGH, Urt. V. 12.7.2006 – XII ZR 39/04, IMR 2006, 112
Schmidt, Karsten	Die Abgrenzung der beiden Vereinsklassen - Bestandsaufnahme, Kritik und Neuorientierung, in: RPfleger 1972, 286-294, 343-353
Ders.	Eintragungsfähige und eintragungsunfähige Vereine, in: RPfleger 1988, 45-51
Ders.	Gesellschaftsrecht, 4. Aufl., München 2002
Schmidt-Futterer, Wolfgang (Begr.)	Mietrecht Großkommentar des Wohn- und Gewerberaummietrechts, 9. Aufl., München 2007, zit.: Schmidt-Futterer / *Bearbeiter*
Schöpflin, Martin	Der nichtrechtsfähige Verein, Habil.-Schr. iuris, Marburg 2002
Seifert, Achim	Grenzen eines formularvertraglichen Beitrittszwangs zu einer Werbegemeinschaft, in: JR 2007, 490-493
Soergel, Hans Theodor (Begr.)	Bürgerliches Gesetzbuch mit Einführungsgesetz und Nebengesetzen, 13. Aufl., Stuttgart u. a. 2000, zit.: Soergel / *Bearbeiter*
Staudinger, Julius von (Begr.)	J. von Staudingers Kommentar zum Bürgerlichen Gesetzbuch mit Einführungsgesetz und Nebengesetzen, Buch 2: Recht der Schuldverhältnisse §§ 705-740 (Gesellschaftsrecht), Reuter, Dieter (Red.), 13. Aufl., Berlin 2003, zit.: Staudinger / *Bearbeiter*

Ders. | J. von Staudingers Kommentar zum Bürgerlichen Gesetzbuch mit Einführungsgesetz und Nebengesetzen, Buch 1: Allgemeiner Teil §§ 90-133; §§ 1-54, 63 Beurkundungsgesetz (Allgemeiner Teil 3 und Beurkundungsverfahren), Habermann, Norbert (Red.), 13. Aufl., Berlin 2004, zit.: Staudinger / *Bearbeiter*

Ders. | J. von Staudingers Kommentar zum Bürgerlichen Gesetzbuch mit Einführungsgesetz und Nebengesetzen, Buch 1: Allgemeiner Teil §§ 21 – 79 (Allgemeiner Teil 2), Roth, Herbert (Red.), 13. Aufl., Berlin 2005, zit.: Staudinger / *Bearbeiter*

Terner, Paul | Neues zum Vereinsrecht, in: NJW 2008, 16-20

Walter, Franz R. | Anmerkung zu LG Wiesbaden, Urt. v. 12.09.1974 - 2 O 131/74, NJW 1975, 1033

Walzel, Barbara / Trabzadah, Monika | Bauten für Handel, in: Schulte, Karl-Werner (Hrsg.), Immobilienökonomie Band III: Stadtplanerische Grundlagen, München 2005, S. 481-516

Wengler, Tobias | Auswirkungen des Internet-Handels auf Shopping-Center: Eine empirische Analyse zu den Auswirkungen auf die Gestaltung und das Management von Shopping-Centern, Diss. oeconomieae Leipzig 2005

Wenske, Markus | Anmerkung zu LG Wiesbaden, Urt. v. 24.04.2009 – 7 O 116/08, IMR 2009, 391

Wolf, Eckhard / Eckert, Hans-Georg / Ball, Wolfgang | Handbuch des gewerblichen Miet-, Pacht- und Leasingrechts, 10. Aufl., Köln 2009

Zöller, Richard (Begr.) Zivilprozessordnung mit FamFG (§§ 1-185, 200-270, 433-484) und Gerichtsverfassungsgesetz, den Einführungsgesetzen, mit Internationalem Zivilprozessrecht, EG-Verordnungen, Kostenanmerkungen, 28. Aufl., Köln 2010, zit.: Zöller / *Bearbeiter*

Internetquellen

Cushman & Wakefield (Hrsg.) Shopping Centre Development Report Europe, in: Marketbeat, 2009, abrufbar unter http://www.cushwake.com/cwglobal/jsp/kcLocalReportArchive.jsp?Country=GLOB-AL&Language=EN&region=EMEA&sector=ALL&catId=100004&city=ALL&_requestid=291332, letzter Zugriff: 11.02.2010

Deutsche Bundesbank (Hrsg.) Zeitreihe JJA327: VGR-D-Ges, Konto der privaten Haushalte, Sparquote, 2009, abrufbar unter http://www.bundesbank.de/statistik/statistik_zeitreihen.php?lang=de&open=&func=row&tr=JJA327, letzter Zugriff: 11.02.2010

Statistisches Bundesamt (Hrsg.) Entwicklung der realen Umsätze im Einzelhandel, 2010, abrufbar unter http://www.destatis.de/jetspeed/portal/cms/Sites/destatis/Internet/DE/Grafiken/Binnenhandel/Diagramme/Einzelhandel,templateId=renderPrint.psml, letzter Zugriff: 11.02.2010

Anhang

I. Email-Befragung vom 11.12.2009

1. Anschreiben

Werbegemeinschaft im Shopping-Center

Ullrich Janke

Gesendet: Freitag, 11. Dezember 2009 20:51

An: ullrich.janke@gmx.de

Anlagen: Fax Umfrage.doc (106 KB)

Sehr geehrte Damen und Herren,

ich arbeite im Stadtteilzentrum „Helle Mitte" (www.helle-mitte.net) und studiere nebenberuflich an der privaten Hochschule für Ökonomie und Management (FOM). Bereits von mir veröffentlichte Seminararbeiten finden Sie z.B. unter www.amazon.de.

Im Rahmen meiner Diplom-Arbeit beschäftige ich mich aus Anlass der uns auch hier betreffenden Problematik aus Vermieter/ Eigentümersicht mit dem Thema „Die Werbegemeinschaft im Shopping-Center – Rechtliche Gestaltung und Vereinbarung im Geschäftsraummietvertrag". Insbesondere das Urteil des BGH vom 12.07.2006 (NZM 2006, 775,777) zur formularmäßigen Beitrittsverpflichtung hat bei den Betroffenen für Handlungsdruck gesorgt. Fraglich ist auch der Gang der weiteren Rechtsprechung in diesem Bereich. Unter anderem hierzu werde ich entsprechende Lösungsansätze erarbeiten.

Ihr Unternehmen betreibt eine Vielzahl von Shopping-Centern, die i.d.R. auch über Werbegemeinschaften verfügen. Entscheidend für die Gestaltung der Werbegemeinschaft ist mit Blick auf die erwähnte Rechtsprechung die Rechtsform. In diesem Zusammenhang wäre ich Ihnen dankbar, wenn Sie mir folgende grundlegende Fragen per Mail oder mit dem beigefügten Rückfax beantworten würden:

1. Wie viele Shopping-Center betreibt Ihr Unternehmen in Deutschland/ weltweit?
2. Wie viele Ihrer Shopping-Center in Deutschland verfügen über eine Werbegemeinschaft?
3. In welcher Rechtsform sind diese Werbegemeinschaften organisiert?
   a. Anzahl Gesellschaft bürgerlichen Rechts (GbR):
   b. Anzahl eingetragener Verein (e.V.):
   c. Anzahl nicht eingetragener Verein:
   d. Anzahl GmbH:
   e. Sonstige ....

Soweit Sie diese Fragen beantworten, würde ich Ihnen – wenn Sie daran interessiert sind – auch die Ergebnisse meiner Arbeit übermitteln.

Ich danke Ihnen im Voraus für Ihre Mühe und verbleibe

mit freundlichen Grüßen

Ullrich Janke

2. Adressaten

- ECE Projektmanagement GmbH & Co. KG
  Heegbarg 30
  22391 Hamburg

  Insgesamt 114 Shopping-Center im Management, davon 83 in Deutschland, Quelle: http://www.ece.de/de/newspresse/datenundfakten/, letzter Abruf: 13.02.2010. Email am 11.12.2009 gerichtet an: centermanagement@ece.de.

- METRO Group Asset Management GmbH & Co. KG
  Neumannstraße 8
  40235 Düsseldorf

  Insgesamt 70 Shopping-Center im Management, Quelle: http://www.metro-mam.de/servlet PB/menu/1027455_l1_yno/index.html, letzter Abruf: 13.02.2010. Email am 11.12.2009 gerichtet an: info@metro-mam.de.

- EPM-Assetis GmbH
  Moskauer Straße 27
  40227 Düsseldorf

  Insgesamt 35 Shopping-Center im Management, davon 32 in Deutschland, Quelle: http://www.epmassetis.de/de/unternehmen/fakten.php, letzter Abruf: 13.02.2010. Email am 11.12.2009 gerichtet an: nadja.prinz@epmassetis.de.

- mfi management für immobilien AG
  Bamlerstraße 1
  45141 Essen

  Insgesamt 30 Shopping-Center im Management, Quelle: http://www.mfi.eu/index .php?id=38, letzter Abruf: 13.02.2010. Email am 11.12.2009 gerichtet an: mfi.essen@mfi.eu.

- CEV Center Entwicklungs- und Verwaltungs- GmbH
  Fuggerstraße 11
  33689 Bielefeld

  Insgesamt 24 Shopping-Center im Management. Quelle: http://www.edeka.de/ CEV/Content/Leistungen/index.jsp, letzter Abruf: 13.02.2010. Email am 11.12.2009 gerichtet an: info@cev.de.

- DTZ
  Eschersheimer Landstraße 6
  60322 Frankfurt a. M.

  Insgesamt 270 Shopping-Center im Management, davon 14 in Deutschland, Quelle: http://www.dtz.com/Germany/What_we_do/Retail+services, letzter Abruf: 13.02.2010. Email am 11.12.2009 gerichtet an: hubertus.kobe@dtz.com.

3. Rücklauf

17-DEZ-2009 16:19 EPM ASSETIS GMBH +49 211 38059322 S.01/01

Telefax-Deckblatt

An: Herrn Ullrich Janke	**Fax:** 030 / 99 22 13 25
Von:	**Datum:**
Betreff: Werbegemeinschaft im Shopping-Center	**Seiten:**
CC:	

☐ Dringend ☐ Zur Erledigung ☐ Zur Stellungnahme ☑ Zur Kenntnis ☐ Mit Dank zurück

1. Wie viele Shopping-Center betreibt Ihr Unternehmen in Deutschland/ weltweit?
   32 / 35
2. Wie viele Ihrer Shopping-Center in Deutschland verfügen über eine Werbegemeinschaft?
   22
3. In welcher Rechtsform sind diese Werbegemeinschaften organisiert?
   a. Anzahl Gesellschaft bürgerlichen Rechts (GbR):
      16
   b. Anzahl eingetragener Verein (e.V.):
      4
   c. Anzahl nicht eingetragener Verein:
      2
   d. Anzahl GmbH:
   e. Sonstige ....

Wir würden weitere/ ~~keine weiteren~~ Fragen zu dieser Thematik beantworten und sind an der Übersendung der Untersuchungsergebnisse interessiert/ ~~nicht interessiert.~~

....
Datum/Stempel/Unterschrift

EPM Assetis GmbH
Moskauer Str. 27
40227 Düsseldorf

GESAMT SEITEN 01

II. Mustersatzung Werbegemeinschaft

§ 1 Rechtsform, Name, Sitz

1. Die Werbegemeinschaft für das Shopping-Center XYZ wird in Form eines nichtwirtschaftlichen, nicht eingetragenen Vereins geführt.

2. Der Name des Vereins lautet: **Werbegemeinschaft XYZ**

3. Sitz des Vereins ist … (Ort)

§ 2 Geschäftsjahr

Geschäftsjahr ist das Kalenderjahr.

§ 3 Zweck des Vereins

1. Zweck des Vereins ist die Organisation und der Zusammenschluss der im Shopping-Center XYZ gelegenen Gewerbebetriebe zu einer Werbegemeinschaft zum Zwecke des Aufbaues eines lebensfähigen Centers und zur Wahrung aller Belange auf dem Gebiet der Verkaufsförderung und Werbung.

2. Eine auf Gewinn ausgerichtete, konfessionelle oder politische Betätigung ist ausgeschlossen.

3. Die Werbegemeinschaft stellt sich im Wesentlichen folgende Aufgaben:

a) Planung und Durchführung von Werbemaßnahmen aller Art für das Shopping-Center;
b) Öffentlichkeitsarbeit;
c) Zusammenarbeiten mit den Stellen der Kommunalverwaltung sowie mit anderen für die Planung und Durchführung von Werbemaßnahmen zuständigen Stellen;
d) Kontaktpflege mit anderen Werbegemeinschaften und Gewerbevereinen.

§ 4 Mitgliedschaft

1. Ständiges Mitglied ist das Shopping-Center-Management XYZ.

2. Mitglieder können werden: der Vermieter, alle natürlichen und juristischen Personen sowie Personengesellschaften, die Mieter im Shopping-Center XYZ sind, ebenso Vermieter, Mieter und Selbstnutzer von Gewerbeflächen im Umfeld des Shopping-Centers XYZ.

3. Die Mitgliedschaft wird durch Beitrittserklärung und deren Annahme durch den Vorstandsvorsitzenden gemäß § 8 erworben. Sofern bereits der Mietvertrag eine solche Beitrittserklärung enthält, erübrigt sich eine gesonderte Beitrittserklärung und gesonderte Annahme durch den Vorstandsvorsitzenden.

4. Die Mitgliedschaft endet

   a) mit Beendigung des Mietverhältnisses, ohne dass es einer besonderen Kündigung bedarf und unabhängig davon, aus welchem Grunde das Mietverhältnis endet, bzw. bei Mitgliedern, die nicht Mieter sind, mit Aufgabe des Gewerbebetriebes;
   b) durch Ausschluss.

   Ein Mitglied kann durch Beschluss des Vorstandes ausgeschlossen werden, wenn in seiner Person ein wichtiger Grund vorliegt. Ein solcher besteht insbesondere dann, wenn über das Vermögen des Mitglieds das Insolvenzverfahren oder das gerichtliche Vergleichsverfahren beantragt oder die Eröffnung eines solchen Verfahrens mangels Masse abgelehnt wird oder wenn sich das Mitglied eines groben Satzungsverstoßes schuldig macht, insbesondere die ihm obliegenden Verpflichtungen nicht erfüllt.

   Das ständige Mitglied kann nur bei Beantragung des Insolvenz- oder Vergleichsverfahrens durch Vorstandsbeschluss ausgeschlossen werden, in anderen Fällen des Ausschlusses aus wichtigem Grunde bedarf der Vorstandsbeschluss der Billigung durch Beschluss der Mitgliederversammlung mit 75 % aller Stimmen. Bei Ausschluss des ständigen Mitgliedes ist der Vermieter berechtigt, ein neues ständiges Mitglied zu stellen oder selbst in diese Rechtsstellung einzutreten.

5. Ein Austritt während des Bestehens des Mietverhältnisses über die Geschäftsräume im Shopping-Center ist ausgeschlossen.

6. Die Mitgliedschaft ist vererblich, sofern der Rechtsnachfolger des Mieters in den Mietvertrag eintritt. Scheidet ein Mitglied aus, so besteht der Verein unter den übrigen Mitgliedern fort. Einem ausscheidenden Mitglied stehen Ansprüche gegen den Verein nicht zu; es besteht insbesondere kein Anspruch auf Rückerstattung gezahlter Beiträge oder sonstiger Leistungen.

§ 5 Rechte und Pflichten der Mitglieder

1. Das ständige Mitglied hat die Geschäfte des Vereins zu führen.

2. Die Mitglieder sind berechtigt, Einzelwerbung für ihre Geschäfte zu betreiben. Sie haben jede anstößige oder wettbewerbswidrige Werbung zu unterlassen. Sie sind verpflichtet, Werbemaßnahmen außerhalb des üblichen Rahmens (wie zum Beispiel Sonderveranstaltungen, Jubiläumsverkäufe, Räumungsverkäufe, Vernissagen, Modeschauen etc.) mit dem Vorstand abzustimmen und dabei berechtigten Interessen der Werbegemeinschaft Rechnung zu tragen. Jede Einzelwerbung durch Inserate, etc. ist mit dem Logo der Werbegemeinschaft zu versehen.

§ 6 Beiträge

1. Der Beitrag des ständigen Mitglieds besteht in der unentgeltlichen Führung der Geschäfte bei Auslagenerstattung. An Umlagen nimmt das ständige Mitglied nicht teil.

2. Die für die Erfüllung des Vereinszwecks erforderlichen Mittel werden durch Beiträge der Mitglieder aufgebracht.

3. Bezugsgröße für die Bemessung der Beiträge und Verteilung der Umlagen der übrigen Mitglieder ist grundsätzlich die Mietfläche. Die Vorstandsvorsitzende kann jedoch Abschläge vornehmen, wenn nach ihrem Ermessen besondere Umstände dieses rechtfertigen und es im Interesse der Werbegemeinschaft liegt. Soweit ein potenzielles Mitglied nicht Mieter im Shopping-Center XYZ ist, sich je-

doch in der Werbegemeinschaft engagieren will, ist die Vorstandsvorsitzende berechtigt, einen pauschalen Mitgliedsbeitrag zu verhandeln.

4. Die Höhe des Mitgliedsbeitrages beläuft sich auf 2,00 Euro monatlich pro m^2 Mietfläche zuzüglich der jeweils gültigen gesetzlichen Umsatzsteuer.

5. Für besondere Werbemaßnahmen des Centers (Jubiläums-, Weihnachts- und Osteraktionen, Sommer- und Winterschlussverkauf, Neueröffnung nach Restrukturierung, Maßnahmen aus Anlass der Änderung gesetzlicher Rahmenbedingungen usw.) können Umlagen bis zur Höhe eines Jahresbeitrags im Geschäftsjahr beschlossen werden.

6. Die Beiträge werden jeweils zum 3. Werktag eines jeden Monats fällig; die Fälligkeit von Sonderumlagen wird von der Mitgliederversammlung bestimmt. Sollte ein Mitglied mit der Zahlung eines Beitrags in Verzug sein, so ist der jeweils offene Betrag mit 5 Prozentpunkte über dem jeweiligen Basiszinssatz (§ 247 BGB) zu verzinsen. Der Vorstand ist berechtigt, für jede schriftliche Mahnung eine Mahngebühr von 5,00 Euro zu erheben.

7. Die Mitgliedsbeiträge können durch die Mitgliederversammlung mit einfacher Stimmenmehrheit im Laufe eines Geschäftsjahres für das neue Geschäftsjahr, das jeweils mit dem 1. Januar eines jeden Jahres beginnt, beschlossen werden. Der Mitgliedsbeitrag darf jedoch im Vergleich zum Vorjahr um nicht mehr als 20% erhöht werden und die Höchstgrenze von netto 4,00 Euro monatlich pro m^2 Mietfläche nicht überschreiten. Die Höchstgrenze für den Werbebeitrag ändert sich im selben prozentualen Verhältnis wie sich der Verbraucherpreisindex von Deutschland bezogen auf den Stand bei der letzten Satzungsänderung ändert. Sollte die Preisindexziffer nicht mehr vom Statistischen Bundesamt veröffentlicht werden, tritt an ihre Stelle der vergleichbare Preisindex des statistischen Amtes der Europäischen Gemeinschaft.

§ 7 Organe des Vereins

Organe des Vereins sind

1. der Vorstand, bestehend aus dem ständigen Mitglied als Vorstandsvorsitzendem und zwei weiteren Mitgliedern,

2. die Mitgliederversammlung.

§ 8 Vorstand

1. Der Vorstand besteht aus dem Vorstandsvorsitzenden und zwei Vorstandsmitgliedern.

2. Das ständige Mitglied ist kraft Sonderrechts Mitglied des Vorstands und Vorstandsvorsitzender. Es übt seine Funktionen durch seinen Geschäftsführer oder dessen Vertreter aus. Die weiteren Vorstandsmitglieder werden in einer Mitgliederversammlung in geheimer Wahl jeweils für die Dauer von zwei Jahren gewählt. Wählbar ist jede Person, die Mieter bzw. Geschäftsführer oder leitender Angestellter eines Mitgliedes ist. Der Vorstand bleibt so lange im Amt, bis eine Neuwahl erfolgt ist. Eine Wiederwahl ist zulässig. Scheidet ein Mitglied des Vorstandes aus seiner Stellung bei der Mitgliedsfirma oder als Mieter aus, so endet sein Amt. An seiner Stelle ist ein neues Vorstandsmitglied zu wählen. Bis zur Neuwahl wird der Verein durch den Restvorstand geführt.

3. Der Vorstand ist für alle Angelegenheiten des Vereins zuständig, soweit sie nicht durch diese Satzung dem Vorstandvorsitzenden oder der Mitgliederversammlung übertragen sind. Er hat insbesondere folgende Aufgaben:

   a) Vorbereitung und Einberufung der Mitgliederversammlung sowie Aufstellung der Tagesordnung;
   b) Ausführung von Beschlüssen der Mitgliederversammlung;
   c) Vorbereitung des Jahreswirtschaftsplanes jeweils bis zum 15.02. eines Geschäftsjahres, des Jahresberichts einschließlich Rechnungslegung jeweils bis zum 31.05. nach Ablauf eines Geschäftsjahres;
   d) Durchführung sämtlicher zur Erfüllung des Vereinszwecks erforderlicher Maßnahmen;
   e) betriebliches Rechnungswesen und Controlling;
   f) der Vorstand kann für besondere Aufgaben Ausschüsse bestellen.

4. Der Vorstandsvorsitzende führt die laufenden Geschäfte im Rahmen des Jahreswirtschaftsplanes und entscheidet allein in allen Angelegenheiten, die ihm durch diese Satzung übertragen sind. Der Vorstandsvorsitzende ist allein zur Vertretung des Vereins berechtigt und vom Verbot des Selbstkontrahierens befreit. Der Vorstandsvorsitzende kann in Einzelfällen Untervollmacht erteilen. Die übrigen Vorstandsmitglieder sind nur zusammen mit dem Vorstandsvorsitzenden zur Vertretung berechtigt.

§ 9 Aufgaben des Vorstandsvorsitzenden

1. Der Vorstandsvorsitzende erarbeitet die Planung für die Werbung, führt die beschlossenen Werbemaßnahmen durch, erledigt die laufenden Vereinsangelegenheiten und verwaltet das Vermögen. Er stellt einen Jahreswerbeplan, die Etatplanung auf und stellt diese Maßnahmen jeweils für das kommende Geschäftsjahr der Mitgliederversammlung zur Abstimmung vor.

2. Für Planung und Durchführung der Werbemaßnahmen kann sich der Vorstandsvorsitzende Dritter bedienen.

3. Werden entgegen Einwänden des Vorstandsvorsitzenden grundsätzlicher, sachlicher oder finanzieller Art im Vorstand bzw. in der Mitgliederversammlung Beschlüsse gefasst, die der Vorstandsvorsitzende nicht bereit ist mit zu tragen, stellt ihn die Werbegemeinschaft im Innenverhältnis zu den übrigen Mitgliedern von jeglicher Inanspruchnahme und Haftung von und gegenüber Dritten frei.

4. Wünschen einzelne Mitglieder eine mit der Gemeinschaftswerbung verbundene Einzelwerbung, haben sie vor Beginn dieser Maßnahmen schriftliche Kostenübernahmeerklärungen abzugeben bzw. die hierfür entstehenden Kosten vorher zu entrichten.

§ 10 Mitgliederversammlung

Die Mitgliederversammlung ist zuständig für alle Angelegenheiten der Werbegemeinschaft, die nicht zum Zuständigkeitsbereich des Vorstandes oder seines Vorsitzenden gehören. Hierzu zählt insbesondere

1. Wahl des Vorstandes

2. Wahl von zwei Rechnungsprüfern
3. Festsetzung des Haushaltsplanes und Aufnahme von Krediten in einer Höhe von mehr als einem Gesamtmonatsaufkommen sowie Beschlussfassung über die Werbeplanung
4. Beschlussfassung über Änderung der Satzung
5. Festsetzung der Werbebeiträge

§ 11 Einberufung und Beschlussfassung der Mitgliederversammlung

1. Eine ordentliche Mitgliederversammlung hat mindestens einmal jährlich stattzufinden und zwar spätestens bis zum 15. Dezember eines jeden Jahres.

2. Die Einberufung hat schriftlich unter Angabe der Tagesordnung mindestens 14 Tage vor dem Tag der Versammlung zu erfolgen.

3. Eine außerordentliche Mitgliederversammlung ist einzuberufen
   a) auf Verlangen eines Vorstandsmitgliedes;
   b) auf Verlangen von mindestens 25 % der Mitglieder gerechnet nach ihrem Stimmrecht und unter Angabe der Tagesordnung.

4. Jedes Mitglied ist berechtigt, dem Vorstand Anträge zur Tagesordnung vorzulegen. Diese Anträge müssen sieben Tage vor dem Tag der Versammlung dem Vorstand zugegangen sein. Der Vorstand ist berechtigt aber nicht verpflichtet, auch solche Anträge in die Tagesordnung aufzunehmen, die nicht rechtzeitig eingegangen sind.

5. Über die Versammlung, insbesondere die in ihr gefassten Beschlüsse, ist ein Protokoll zu führen. Dieses ist vom Versammlungsleiter zu unterzeichnen und allen Mitgliedern zuzuleiten und zwar innerhalb eines Monats nach Abhaltung der Versammlung.

6. Jede ordnungsgemäß einberufene Mitgliederversammlung ist ohne Rücksicht auf die Zahl der vertretenen Stimmen beschlussfähig. Die Anwesenheit des ständigen Mitglieds ist zur Beschlussfähigkeit stets erforderlich.

7. Die Mitgliederversammlung wird durch den Vorstandsvorsitzenden oder ein von ihm bestimmtes Vorstandsmitglied geleitet.

8. Beschlüsse werden mit einfacher Mehrheit der vertretenen Stimmen gefasst, soweit in der Satzung nichts anderes bestimmt ist.

9. Für die vorzeitige Abberufung eines Mitglieds des Vorstandes und für Satzungsänderungen sind eine Mehrheit von 75 % und die Anwesenheit von mindestens 2/3 der Mitglieder gezählt nach ihrem Stimmrecht sowie die Zustimmung des ständigen Mitglieds erforderlich.

10. Jedes Mitglied kann sich in der Mitgliederversammlung vertreten lassen. Der Vertreter hat sich auf Verlangen des Versammlungsleiters durch eine schriftliche Vollmacht auszuweisen.

§ 12 Stimmrecht

Das Stimmrecht eines Mitglieds richtet sich nach seinem monatlichen Mitgliedsbeitrag. Für jede angefangenen 100,00 Euro Werbekostenbeitrag steht dem Mitglied eine Stimme zu. Das Stimmrecht von Mitgliedern, die sich mit der Zahlung eines Beitrags mindestens zwei Monate im Verzug befinden, ruht.

§ 13 Haftung des Vereins

Die Haftung des Vereins und der für den Verein Handelnden ist auf das Vermögen des Vereins beschränkt. Die für den Verein Handelnden haben Dritten gegenüber sicher zu stellen, dass diese Haftungsbeschränkung in die vertraglichen Vereinbarungen aufgenommen wird.

§ 14 Auflösung des Vereins

Im Falle der Auflösung des Vereins wird das vorhandene Vereinsvermögen an die Mitglieder im Verhältnis ihrer Beitragsverpflichtung verteilt. Die Liquidation wird allein durch den Vorstandsvorsitzenden als Liquidator abgewickelt.

III. Nicht veröffentlichte Urteile

1. Landgericht Berlin, Urteil vom 22.06.2007

Ausfertigung

Landgericht Berlin

Im Namen des Volkes

Geschäftsnummer: 56 S 28/07 verkündet am : 22.06.2007
9 C 176/06 Amtsgericht Hohenschönhausen
Liersch
Justizhauptsekretär

In dem Rechtsstreit

Werbegemeinschaft nicht eingetragener Verein, vertreten durch den Vorstand, dieser vertreten durch die Vorstandsvorsitzende

Berlin,

Klägers und Berufungsklägers,

- Prozessbevollmächtigte:

Berlin -

g e g e n

Herrn T W ,

Berlin,

Beklagten und Berufungsbeklagten,

- Prozessbevollmächtigte:

Berlin -

hat die Zivilkammer 56 des Landgerichts Berlin, Littenstraße 12-17, 10179 Berlin, auf die mündliche Verhandlung vom 22.06.2007 durch den Vorsitzenden Richter am Landgericht Hartmann sowie die Richterinnen am Landgericht Skomski und Dr. Teschner

f ü r R e c h t e r k a n n t :

Auf die Berufung des Klägers wird das am 07. Februar 2007 verkündete Urteil des Amtsgerichts Hohenschönhausen – 9 C 176/06 - abgeändert und der Beklagte verurteilt, an den Kläger € 1.461,60 nebst Zinsen von 5 Prozentpunkten über dem Basiszinssatz seit dem 08. September 2006 zu zahlen.
Der Beklagte hat die Kosten des Rechtsstreits zu tragen.
Das Urteil ist vorläufig vollstreckbar.

I.

Von der Darstellung des Sach- und Streitstandes nach § 540 Absatz 1 Ziffer 1 ZPO wird gemäß §§ 540 Absatz 2, 313 a Absatz 1 Satz 1 ZPO abgesehen, da ein Rechtsmittel gegen dieses Urteil nicht zulässig ist, § 26 Nr. 8 EGZPO.

II.

Die Berufung ist erfolgreich.

Die Klage ist zulässig, insbesondere ist der Kläger als nicht eingetragener Verein parteifähig. Die Entwicklung der Rechtssprechung zur Parteifähigkeit der Außen-Gesellschaft bürgerlichen Rechts ist auf ihn zu übertragen. So kann seit Anerkennung der Rechts- und Parteifähigkeit der (Außen)GbR (BGH, Urt. v. 29.01.2001, BGHZ 146, 341 ff.) nur noch diese selbst - soweit Gesamthandsforderungen geltend gemacht werden - Klägerin sein, denn nicht die einzelnen Gesellschafter, sondern die Gesellschaft selbst ist materiell Rechtsinhaberin (OLG Brandenburg, NZG 2006, 381). Diese grundsätzliche Parteifähigkeit muss über § 54 Satz 1 BGB Konsequenzen für den nicht rechtsfähigen Verein haben, mit der Folge, dass er im gleichen Maße rechtsfähig ist wie die Gesellschaft bürgerlichen Rechts (MünchKomm/Reuter, 2001, Rn. 16 zu § 54 BGB; Staudinger/Weick, 2005, Rn. 14d zu § 54 BGB; Zöller/Vollkommer, 2007, Rn. 22 zu § 50 ZPO; Soergel/Hadding, 2000, Rn. 16 zu § 54 BGB; a.A. LG Marburg, Urt. v. 10.02.1999, NJW-RR 2000, 661).

ZP 550

Die Klage ist auch nicht deshalb unzulässig, weil – den Klägervortrag zur Wirksamkeit des Beitritts unterstellt - der Beklagte auch Mitglied seiner selbst ist, mithin auf beiden Seiten steht. Die Befugnis zur Geltendmachung von sog. Sozialansprüchen der Gesellschaft bürgerlichen Rechts gegen einzelne Gesellschafter aus dem Gesellschaftsverhältnis (Palandt-Sprau, 64. Aufl., Rn.29 zu § 705 BGB) ist aus den eingangs zur Parteifähigkeit dargelegten Gründen , die insoweit sinngemäß gelten, auch dem Verein zuzubilligen.

Die Klage ist zudem begründet.

Der Kläger kann vom Beklagten Beiträge zur Werbegemeinschaft in Höhe von € 1.461,60 für die Monate Dezember 2005 bis Juli 2006 verlangen; der Anspruch ergibt sich aus der Beitrittserklärung des Beklagten vom 18. März 2005, welche der Kläger mit Schreiben vom 07. November 2005 annahm, i.V.m. § 6 der Satzung des Klägers.

Dem stehen erhebliche Einwendungen des Beklagten nicht entgegen.

Die Beitrittserklärung ist wirksam. Insoweit bedarf es keiner Entscheidung, ob die Beitrittspflicht in § 30 des Mietvertrages ihrerseits wirksam vereinbart wurde oder etwa eine unangemessene Benachteiligung im Sinne von § 307 Abs. 1 S. 1 BGB darstellt. Die Parteien verbindet kein Mietvertrag; diesen hat der Beklagte mit der MEGA VIII GbR geschlossen. Der Beklagte ist der in diesem Vertragsverhältnis begründeten Pflicht zum Beitritt in den klägerischen Verein bereits nachgekommen, indem er den Beitritt tatsächlich erklärte. Auch eine Verletzung des Transparenzgebotes steht nicht in Frage, denn zum einen ist - so erschließt es sich aus dem „stufenweisen" Beitritt zur Werbegemeinschaft (zunächst 90 qm, dann 160 qm,) - der Vertragsinhalt individuell ausgehandelt, zudem ergibt sich die Höhe des Beitrages unmittelbar aus der Beitrittserklärung. Dem Beklagten steht auch kein ordentliches Kündigungsrecht zu; ein solches ist durch die Satzung (§ 4 Ziff. 5) ausgeschlossen. Dieser Ausschluss ist wirksam, ohne dass dem § 39 BGB entgegensteht. Selbst wenn die genannte Norm, wonach das Recht eines Mitgliedes eines eingetragenen Vereins nur eingeschränkt, aber nicht ausgeschlossen werden kann, auf den nicht eingetragenen Verein Anwendung fände, ist die Vorschrift durch die für die GbR getroffene Regelung des § 723 BGB i.V.m. § 54 Abs. 1 BGB verdrängt. Danach ist ein auf unbestimmte Zeit eingegangenes Gesellschaftsverhältnis jederzeit kündbar, womit im Umkehrschluss

ZP 550

eine Beschränkung des Kündigungsrechts auf außerordentliche Fälle bei befristeten Mitgliedschaften zulässig ist (BGH, Urteil vom 02.04.1979, - II ZR 141/78, NJW 1979, 2204). Da die Mitgliedschaft an die Dauer des Mietvertrages (01.02.2005 bis 28.02.2010; vgl. Ziffer 5 des Mietvertrages, Teil I, in Verbindung mit § 4 Ziff. 4 a der Satzung) gekoppelt ist, liegt eine derartige Konstellation vor. Durch die Anwendung des Rechts der GbR wird § 39 BGB nicht umgangen, denn in einer Werbegemeinschaft liegt eine Mischform beider Organisationsformen, die die Anwendbarkeit des Rechts der GbR eröffnet. Hierfür spricht, dass der geschlossene Mitgliederkreis - bedingt durch eine begrenzte Gebäudefläche -, das gemeinschaftliche wirtschaftliche Interesse und die Dauer des Miteinanders (befristete Mietverträge) eher einem gesellschaftsähnlichen Verbund entsprechen (BGH, Urteil vom 02.04.1979, - II ZR 141/78, NJW 1979, 2304).

Ein außerordentliches Kündigungsrecht ergibt sich ebenso wenig. Die vom Beklagten angeführten unzumutbaren Haftungsrisiken vermag die Kammer nicht nachzuvollziehen. Die zitierte Rechtsprechung des Bundesgerichtshofs (Urteil vom 12.07.2006, - XII ZR 39/04 -, WM 2006, 2061) betraf die weitergehenden Haftungsrisiken der persönlich haftenden Gesellschafter einer GbR. Anders als bei dieser haften die Mitglieder eines nicht eingetragenen Vereins nicht persönlich, sondern nur der Handelnde bzw. das Vereinsvermögen (BGH, Urteil vom 30.06.2003, - II ZR 153/02, NJW-RR 2003, 1265). Diese Haftungsbeschränkung ist in § 13 der Satzung konsequent aufgenommen und zudem ist sichergestellt, dass die für den Verein Handelnden diese Dritten gegenüber deutlich machen. Ob etwaige Lücken der Satzung in Fragen der Haftungsbeschränkung bzw. der Vorsorge gegen eine Inanspruchnahme der Mitglieder ein außerordentliches Kündigungsrecht bilden können (vgl. BGH, Urteil vom 02.04.1979, - II ZR 141/78 -, NJW 1979, 2304), kann daher dahinstehen.

In dem Umstand, dass sich der Beklagte im Mietvertrag verpflichtete, der Werbegemeinschaft in der Rechtsform der GbR beizutreten, dann aber den Beitritt für einen nicht eingetragenen Verein erklärte, liegt ebenso wenig ein außerordentlicher Kündigungsgrund. Derartige Gründe sind auf solche Umstände zu beschränken, die nach Vertragsunterzeichnung eintreten oder dem Kündigenden erst dann offenbar werden. Die abweichende Rechtsform hat der Beklagte aber bei Abgabe seiner Beitrittserklärung zur Kenntnis nehmen können.

Auch die weiteren Einwendungen des Beklagten überzeugen nicht. Sein Vortrag zu einem bei Vertragsschluss erklärten Vorbehalt ist unsubstantiiert und fand zudem keinen Niedergang in der Urkunde. Schließlich kann der Beklagte auch nicht deshalb außerordentlich kündigen, weil die Werbegemeinschaft ihm nutzlos erscheint. Selbst wenn sich die Werbemaßnahmen auf das Zentrum beziehen, wirkt sich eine erhöhte Besucherzahl bzw. gestaltete Attraktivität des Einkaufsbereichs grundsätzlich auf alle Vereinsmitglieder aus, wenngleich der jeweilige Nutzen in unterschiedlichem Maße ausfallen wird. Weshalb der Umstand, dass der Vorstandsvorsitzende keine Beiträge zahlt, eine Unwirksamkeit der Satzung begründen sollte, ist nicht ersichtlich. Dass die Mitglieder Mitspracherechte haben und auch ausüben können, wird durch das Protokoll der Mitgliederversammlung per 01. Dezember 2005 dokumentiert.

Der Höhe nach rechtfertigt sich die Klageforderung aus der Summe der Monatsbeiträge für den Zeitraum Dezember 2005 bis Juli 2006 (8 Monate) á 182,70 €, mithin 1.461,60 €.

Die Forderung ist ab Rechtshängigkeit zu verzinsen (§ 291 BGB).

Die Kostenentscheidung folgt aus § 91 Abs. 1 ZPO. Die Entscheidung zur vorläufigen Vollstreckbarkeit hat ihre Grundlage in §§ 708 Nr. 10, 711, 713 ZPO.

Hartmann Skomski Dr. Teschner

Ausgefertigt

Ruben
Justizangestellte

LANDGERICHT BERLIN
361

ZP 550

2. Amtsgericht Hohenschönhausen, Urteil vom 07.02.2007

Ausfertigung

Amtsgericht Hohenschönhausen

Im Namen des Volkes

Urteil

Geschäftsnummer: 9 C 176/06 verkündet am : 07.02.2007 Wichert, JAng.

In dem Rechtsstreit

der Werbegemeinschaft
vertreten d.d.
d. vertreten d.d. Vorstand,
d. vertreten d.d.
Berlin,

Kläger,

- Prozessbevollmächtigte:

Berlin,-

g e g e n

den Herrn T W ,

Berlin,

Beklagten,

- Prozessbevollmächtigte:

Berlin,-

hat das Amtsgericht Hohenschönhausen, Zivilprozessabteilung 9, in Berlin-Hohenschönhausen, Wartenberger Straße 40, 13053 Berlin, auf die mündliche Verhandlung vom 24.01.2007 durch den Richter am Amtsgericht Metzger
f ü r R e c h t e r k a n n t :

1. Die Klage wird abgewiesen.

2. Der Kläger hat die Kosten des Rechtsstreits zu tragen.

3. Das Urteil ist vorläufig vollstreckbar.
Der Kläger darf die Vollstreckung durch Sicherheitsleistung in Höhe des vollstreckbaren Betrages abwenden, wenn nicht der Beklagte vor der Vollstreckung Sicherheit in gleicher Höhe leistet.

ZP 450

Tatbestand:

Mit Vertrag vom 03.11.2005 mietete der Beklagte von der im Einkaufszentrum Gewerberäume zum Betrieb eines Billard- und Musikcafés. Nach § 30 des Vertragswerks verpflichtete sich der Beklagte, „...der Werbegemeinschaft in der für das Einkaufszentrum vorgesehenen Rechtsform (Gesellschaft des bürgerlichen Rechts) auf der Grundlage des beigefügten Gesellschaftsvertrages beizutreten und die Mitgliedschaft während der Dauer des Mietverhältnisses aufrecht zu erhalten."
Für die näheren Einzelheiten wird auf die Mietvertragskopie Anlage K 1, Bl. 5 ff, verwiesen.
Gleichzeitig mit Unterzeichnung des Mietvertrages erklärte der Beklagte seinen Beitritt mit Wirkung ab dem 01.12.2005. In der Beitrittserklärung (Anlage K 2, Bl. 16 R) heißt es:
„Beitrittserklärung Einkaufszentrum: Berlin
Werbegemeinschaft , nicht eingetragener Verein" ...
„Der Mieter erklärt hiermit zunächst für eine Teilfläche von 90 m2 den Beitritt zu der oben bezeichneten Werbegemeinschaft, unter gleichzeitiger Anerkennung der Satzung ...".
Die Werbegemeinschaft bestätigte den Beitritt unter dem 07.11.2005 und berechnete dem Beklagten einen ersten Mitgliedsbeitrag ab dem 01.12.2005.
Der Beklagte erklärte im Dezember 2005 mündlich seinen Austritt aus dem Verein gegenüber dem Vertreter der

Nachdem zunächst eine „Werbegemeinschaft GbR, vertreten durch den Vorstand

Berlin, am 25.08.2006 Klage erhoben hatte, berichtigte der Prozessbevollmächtigte mit Schriftsatz, eingegangen am 31.10.2006, die Klage dahin, dass Klägerin sei die „Werbegemeinschaft . Bei dieser handele es sich um einen nicht eingetragenen Verein.

Der Kläger behauptet, ein Austritt des Beklagten sei nach dem Inhalt der von diesem akzeptierten Satzung nicht möglich.

Er beantragt,

den Beklagten zu verurteilen, an ihn 1.461,60 € nebst Zinsen in Höhe von fünf Prozentpunkten über dem Basiszinssatz seit dem 07.09.2006 zu zahlen.

Der Beklagte beantragt,

die Klage abzuweisen.

ZP 550

Er behauptet, er sei dem Verein nur unter Vorbehalt, einer Werbegemeinschaft „Helle Mitte“ GbR aber zu keinem Zeitpunkt beigetreten.

Entscheidungsgründe:

I. Die Klage ist bereits unzulässig. Der Kläger ist nicht parteifähig gemäß § 50 ZPO.
Der am 31.10.2006 bei Gericht eingegangene Schriftsatz ist als Anzeige eines Rubrumwechsels, nicht als Klageänderung, zu werten. Denn nach den insoweit maßgeblichen Ausführungen des Klägers beruht die Bezeichnung der klagenden Partei in der Klageschrift auf einem Irrtum.
Das Ausscheiden eines Rechtssubjektes und sein Ersatz durch ein Anderes ist mit der Erklärung des Prozessbevollmächtigten nicht beabsichtigt gewesen.
Auch aus der als Anlage K 2 überreichten Beitrittserklärung ergibt sich, dass lediglich ein nicht eingetragener Verein als Werbegemeinschaft existierte.
Der so in die Klägerposition eingerückte nicht rechtsfähige Verein ist gemäß § 50 Abs. 1 ZPO nicht parteifähig. Dies ergibt sich in wünschenswerter Klarheit aus der gesetzlichen Regelung, welche in Abs. 2 des § 50 ZPO lediglich eine Passivlegitimation für nicht rechtsfähige Vereine als Ausnahme vom Grundsatz des Absatzes 1 zulässt.
Allerdings hat sich die herrschende Meinung im Schrifttum, insbesondere seit der grundlegenden Entscheidung des BGH zur Rechtsfähigkeit der GbR dahin entwickelt, dass die volle Parteifähigkeit des nichts rechtsfähigen Vereines anzuerkennen sei (Zöller ZPO, 25. Aufl. 2005, Rn. 37 zu § 50 ZPO). Für diese Ansicht wird insbesondere ins Feld geführt, dass nach § 54, Satz 1 BGB die Vorschriften für die Gesellschaft bürgerlichen Rechts auf nicht rechtsfähige Vereine anwendbar sind. Ist, so wird argumentiert, die Gesellschaft bürgerlichen Rechts von der Rechtsprechung als parteifähig anerkannt, muss dies auch für die unter gleichen rechtlichen Bedingungen agierenden nicht rechtsfähigen Vereine gelten.
Diese Ansicht ist jedoch abzulehnen, da sie die Grenzen zwischen richterlicher Rechtsfortbildung und eindeutigen gesetzlichen Vorschriften verwischt.
Im Recht der BGB-Gesellschaft findet sich keine dem § 54 BGB entsprechende Norm. Die fehlende Rechtsfähigkeit der GbR ist damit gesetzlich nicht ausdrücklich ausgesprochen.
Damit fehlte es auch an einer gesetzlichen Grenze für die richterliche Rechtsfortbildung durch den BGH.

Anders liegt es aber beim nicht rechtsfähigen Verein, der in seinem Namen die rechtliche Qualität erkennen lässt, welche in § 54 BGB ihre gesetzliche Normierung gefunden hat. Für die an Gesetz und Recht gebundenen Gerichte verbietet es sich, in Umkehrung des gesetzlichen Wortlautes aus einem eindeutig nicht rechtsfähigem ein rechtsfähiges Subjekt zu machen. Ebenso wenig kann die gesetzliche Wertung des § 50 ZPO ins Gegenteil verkehrt werden, wonach unzweifelhaft ein Satz 2 des § 50 Abs. 1 ZPO „Nicht parteifähig ist, wer nicht rechtsfähig ist", nur deshalb weggelassen wurde, weil er sich von selbst versteht. Hiervon geht auch die Vorschrift des Abs. 2 aus, wenn sie - als Ausnahme der allgemein mangelnden Parteifähigkeit- die passive Parteifähigkeit des nicht rechtsfähigen Vereins ausdrücklich postuliert.
Der BGH selbst hat dies auch in NJW 1990, 186 f deutlich genug ausgesprochen. Die dogmatischen Argumente gegen die Parteifähigkeit hat das LG Marburg (in NJW RR 2000, 661 ff) in gültiger Weise zusammengefasst. Auch durch die neue BGH Rechtsprechung zur GbR hat sich hieran nichts geändert (ebenso Bamberger/Roth BGB, 2006, Rn. 59 zu § 54 BGB). Richtig ist insbesondere der Hinweis darauf, dass der Gesetzgeber trotz langjähriger Diskussion der Frage sich zu einer Änderung der Gesetzeslage auch bei der umfassenden Reform des Zivilprozessrechts nicht veranlasst gesehen hat.

II. Obwohl sich im Hinblick auf die Unzulässigkeit der Klage Ausführungen zu der Begründetheit erübrigen, sei gleichwohl darauf hingewiesen, dass die Klage, selbst wenn man sie für schlüssig hielte, unbegründet wäre.

Zum einen besteht die Verpflichtung des Beklagten, einer Werbegemeinschaft beizutreten und während der Mietzeit Mitglied in ihr zu bleiben, nach § 30 des Mietvertrages nur für die Werbegemeinschaft in Form einer GbR. Errichtet wurde die Werbegemeinschaft demgegenüber aber in anderer Rechtsform, nämlich als nicht rechtsfähiger Verein.
Dem Beklagten stand somit ein jederzeitiges, auch mündliches, Kündigungsrecht zu.
Zum anderen ist die Verpflichtung in § 30 des abgeschlossenen Mietvertrages gemäß § 307 Abs. 1 Satz 1 BGB als unangemessene Benachteiligung des Beklagten unwirksam.
Der BGH hat in seiner Entscheidung vom 12.07.2006 (XII ZR 39/04) überzeugend festgestellt, dass es eine unangemessene Benachteiligung eines Mieters darstellt, wenn die Werbegemeinschaft nach dem Mietvertrag in der Rechtsform einer GbR gegründet werden kann, da der Mieter als Gesellschafter einer GbR weitgehenden Haftungsrisiken ausgesetzt wäre. Wegen § 54 Satz 1 BGB ist die Haftungslage für die Mitglieder eines nicht rechtsfähigen Vereins ebenso wie für die Gesellschafter einer GbR.

ZP 550

Deshalb gelten die angeführten Erwägungen des BGH für Werbegemeinschaftmitglieder eines nicht rechtsfähigen Vereins in gleicher Weise.

III. Die Kostenentscheidung resultiert aus § 91 ZPO, die Entscheidung über die vorläufige Vollstreckbarkeit aus §§ 708 Nr. 11, 711 ZPO.

Metzger

Ausgefertigt

Wichert
Justizangestellte

ZP 550

3. Landgericht Berlin, Urteil vom 28.09.2007

Ausfertigung

Landgericht Berlin

Im Namen des Volkes

Urteil

Geschäftsnummer:	56 S 40/07 9 C 243/06 Amtsgericht Hohenschönhausen	verkündet am :	28.09.2007 Rehag Justizobersekretärin

In dem Rechtsstreit

der Werbegemeinschaft nicht eingetragener Verein, vertreten d.d. Vorstand, dieser vertreten d.d. Vorstandsvorsitzende

Berlin,

Klägers und Berufungsklägers,

- Prozessbevollmächtigte:

Berlin,-

gegen

den Herrn S R ,

Berlin,

Beklagten und Berufungsbeklagten,

- Prozessbevollmächtigte:

Berlin,-

hat die Zivilkammer 56 des Landgerichts Berlin, Littenstraße 12-17, 10179 Berlin, auf die mündliche Verhandlung vom 28.09.2007 durch den Vorsitzenden Richter am Landgericht Hartmann sowie die Richterinnen am Landgericht Skomski und Dr. Teschner

für Recht erkannt:

ZP 550

Die Berufung des Klägers gegen das am 28.03.2007 verkündete Urteil des Amtsgerichts Hohenschönhausen - 9 C 243/06 - wird auf seine Kosten zurückgewiesen.

Das Urteil ist vorläufig vollstreckbar.

I.

Von der Darstellung des Sach- und Streitstandes nach § 540 Abs. 1 Ziffer 1 ZPO wird gemäß §§ 540 Abs. 2, 313a Abs. 1 Satz 1 ZPO abgesehen, da ein Rechtsmittel gegen dieses Urteil nicht zulässig ist, § 26 Nr. 8 EGZPO.

II.

Die Berufung hat in der Sache keinen Erfolg.

Die Klage ist zulässig, insbesondere ist der Kläger als nicht eingetragener Verein parteifähig (vgl. bereits die Entscheidung der Kammer vom 22.06.2007 - 56 S 28/07 -). Die Entwicklung der Rechtsprechung zur Parteifähigkeit der Außen-Gesellschaft bürgerlichen Rechts ist auf den Kläger zu übertragen. So kann seit Anerkennung der Rechts- und Parteifähigkeit der (Außen)GbR (BGH, Urt. v. 29.01.2001, BGHZ 146, 341 ff.) nur noch diese selbst - soweit Gesamthandsforderungen geltend gemacht werden - Klägerin sein, denn nicht die einzelnen Gesellschafter, sondern die Gesellschaft selbst ist materiell Rechtsinhaberin (OLG Brandenburg, NZG 2006, 381). Diese grundsätzliche Parteifähigkeit muss über § 54 Satz 1 BGB Konsequenzen für den nicht rechtsfähigen Verein haben, mit der Folge, dass er im gleichen Maße rechtsfähig ist wie die Gesellschaft bürgerlichen Rechts (MünchKomm/Reuter, 2001, Rn. 16 zu § 54 BGB; Staudinger/Weick, 2005, Rn. 14d zu § 54 BGB; Zöller/Vollkommer, 2007, Rn. 22 zu § 50 ZPO; Soergel/Hadding, 2000, Rn. 16 zu § 54 BGB; a.A. LG Marburg, Urt. v. 10.02.1999, NJW-RR 2000, 661).

Da die Vorstandsvorsitzende zur alleinigen Vertretung des Klägers gemäß § 8 Ziffer 4, 2. Absatz der Satzung ermächtigt ist, kann sie, ihrerseits vertreten durch ihren Geschäftsführer, den Kläger auch im Klageverfahren vertreten. Auch bedarf es zur Klageerhebung keines Beschlusses der Mitgliederversammlung. Die Beitragspflicht haben die Mitglieder selbst in § 6 ihrer Satzung geregelt. Der Umstand, dass der Beklagte gerichtlich in Anspruch genommen wird, ist nur die konsequente Folge der ausgebliebenen Zahlung.

Die Klage ist hingegen nicht begründet.

Ein vertraglicher Zahlungsanspruch, den der Kläger begehrt, scheitert an einer entsprechenden Vereinbarung der Parteien zur Beitragshöhe. Weder dem Mietvertrag vom 22./27. Dezember 2005 noch der Beitrittserklärung des Beklagten vom 22. Dezember 2005 sind hinreichende Abreden über den Umfang einer Beitragspflicht zu entnehmen.

Ob die (der Kammer indes nicht vorliegende) Beitragsordnung ihrerseits die Höhe der Zahlungspflicht festlegt, kann dahinstehen. Denn beide vom Beklagten unterzeichneten Erklärungen (Mietvertrag, Beitrittserklärung) nehmen auf diese nicht näher inhaltlich Bezug. Der pauschale Verweis der Beitrittserklärung auf die Satzung und deren Regelung in § 6, dort insbesondere Ziffer 3 und 4, wonach sich die Höhe nach der jeweils gültigen Beitragsordnung richtet, reicht nicht aus. Das Transparenzgebot (§ 307 Abs. 1 Satz 2 BGB) erfordert es, dass für den Mieter die tatsächliche Höhe der neben der Miete zu entrichtenden Kosten kalkulierbar ist (vgl. BGH, WM 2006, 2061). Das Transparenzgebot ist anwendbar, denn es handelt sich erkennbar um allgemeine Geschäftsbedingungen im Sinne von § 305 BGB, ohne dass die Parteien dies mit § 32 Ziffer 4 des Mietvertrages ausschließen konnten. Der gesamte, der Kammer auch aus dem Parallelverfahren 56 S 28/07 bekannte, Mietvertragstext war seitens des Vermieters vorbereitet. Die Rechtsfolge einer derartigen Vorbereitung ergibt sich aus dem Gesetz und unterliegt nicht der Parteidisposition, da andernfalls der Schutzzweck leer liefe. Auch ist die Norm nicht deshalb ausgeschlossen, weil der Beklagte als Unternehmer tätig wurde, denn der Anwendungsbereich des § 307 Abs. 1 Satz 2 BGB ist jedenfalls über § 310 Abs. 1 Satz 2 BGB eröffnet.

Die mangelnde Abrede der Parteien betreffend die Beitragshöhe ist auch nicht dadurch als geheilt anzusehen, dass der Kläger im Rahmen seiner Annahmeerklärung mit Schreiben vom 02. Januar 2006 dem Beklagten die genaue Höhe der Zahlungspflicht mitteilte, denn es handelt sich um eine nachträgliche und zudem einseitige Erklärung.

Soweit zuvor, nämlich innerhalb der Vertragsverhandlungen, über die Höhe der Beitragspflicht gesprochen worden sein sollte, fand dieser essentiale Punkt jedenfalls keinen Eingang in die vom Beklagten unterzeichneten Urkunden (Mietvertrag/Beitrittserklärung). Diese nehmen die Vermutung der Richtigkeit und insbesondere Vollständigkeit der abgegebenen Erklärungen für sich in Anspruch.

Es kann daher auch dahin gestellt bleiben, ob die einen Zahlbetrag ausweisende Beitragsordnung dem Beklagten bereits bei den Verhandlungen über den abzuschließenden Mietvertrag ausgehändigt wurde - wie der Kläger unter Beweisantritt behauptet. Selbst wenn die Parteien sich vor Abschluss des schriftlichen Vertrages über die Beitragshöhe verständigt hätten, so ist jedenfalls nicht ersichtlich, dass sie diesen Punkt auch noch zum Zeitpunkt der Errichtung der Urkunde als Vertragsinhalt wollten. Auch ist seitens des Klägers nicht vorgetragen oder anderweitig erkennbar, aufgrund welcher Umstände die Urkunde hinsichtlich dieses essentialen Punktes trotz behaupteter vorheriger Abrede unvollständig blieb. Mangels eines diese Lücken erklärenden Vortrages bedarf es einer Beweisaufnahme nicht (vgl. KG, MDR 2003, 79).

Die Voraussetzungen für die Gewährung einer seitens des Klägers beantragten Erklärungsfrist auf die im Termin gegebenen richterlichen Hinweise liegen nicht vor, denn der Kläger selbst hatte bereits in der Klageschrift die maßgebliche Entscheidung des Bundesgerichtshofes (BGH, WM 2006, 2061) zitiert, wonach die Übernahme weiterer, neben der Miete anfallender Kosten stets einer ausdrücklichen und inhaltlich bestimmten Vereinbarung der Parteien bedarf.

Über die Hilfswiderklage hatte die Kammer mangels Eintritts der innerprozessualen Bedingung, wonach die Klage begründet sein müsste, nicht zu erkennen.

Die Kostenentscheidung folgt aus § 97 Abs. 1 ZPO. Die Entscheidung zur vorläufigen Vollstreckbarkeit hat ihre Grundlage in §§ 708 Nr. 10, 713 ZPO.

Hartmann

Ri'inLG Skomski ist urlaubsbedingt
an der Unterschrift gehindert.

Hartmann

Dr. Teschner

Ausgefertigt

König
Justizangestellte

LANDGERICHT BERLIN

ZP 550